Marc Obermöller

Der Ravensberger Wichtel

Und ewig ruft der Teuto ...

Eine Sammlung von 1995 - 1999

Marc Obermöller:
Der Ravensberger Wichtel - Und ewig ruft der Teuto ...

Copyright 2000 M. Obermöller

Text und Fotos: M. Obermöller
Umschlag: M. Obermöller
Titelbild: M. Obermöller
Druck: Books on Demand; Libri Verlag; Norderstedt

ISBN 3-8311-0635-5

Der Wahnsinn hat viele Gesichter,
das Schönste aber ist die Normalität.

der Autor selbst

Für Ekka und Tiger

Mein Dank gilt allen, die es ermöglicht haben, dieses Buch fertigzustellen: Vorne an Volker Göx, der nicht nur in entscheidender Weise die Gestalt des Wichtels prägte, sondern auch tatkräftig an der Vollendung der Sammlung mithalf; außerdem für die Unterstützung Piece und dem Teuto Express.

Das Buch

„Der Ravensberger Wichtel" lebt an den Hängen des Teutoburger Waldes. Er ist ein Waldgeist, ein bisweilen lustiger Zeitgenosse, der das menschliche Treiben rund um die Ravensburg beäugt und betrachtet. Seine zum Teil seltsamen Ansichten veröffentlichte er von 1995 bis 1999 im Teuto Express. Dieses Buch enthält eine Vielzahl dieser so entstandenen Texte in einer kommentierten Sammlung. Auf diese Weise bildet das vorliegende Werk eine humorvolle regionale Chronik der letzten Jahre des vergangenen Jahrtausends. Doch nicht nur das! Beschreibungen des Ostwestfälischen Wesens und gesellschaftlicher Umwürfe runden das Weltbild des regionalen Kleingeistes ab.

... „Nun, die Intellektuellen dieser Erde werden mich um die Erkenntnis beneiden, aber: Frauen denken anders als Männer. Das ist der Grund, warum nie ein Mann die Frage „Was denkst du denn gerade?" wirklich verstehen wird. Und nie wird eine Frau die wahrheitsgemäße Antwort darauf akzeptieren. Gut, zugegeben, „Bier" ist halt auch nicht immer die beste Antwort.

Trotzdem ist diese Frage und ihre Beantwortung der Prototyp des Mißverständnisses zwischen den Geschlechtern. Wie sollen wir Männer je verstehen, warum Gott uns die Rippe nahm und eine Frau daraus bastelte? Einen Fußball - ok. Eine Flasche Bier - fein. Aber eine Frau?"...

Der Autor

Marc Obermöller wurde im Frühjahr 1974 in Halle geboren. Von 1993 bis 1999 war er bei der lokalen Presse als freier Mitarbeiter tätig, seit 1995 schrieb er regelmäßig als „Der Ravensberger Wichtel".

Inhalt

Vorwort

Nahezu fünf Jahre habe ich als „Der Ravensberger Wichtel" gewirkt. Von 1995 bis 1999 verfaßte ich unter diesem Pseudonym im Teuto Express, was es über Ostwestfalen, den Kreis Gütersloh und im besonderen den Altkreis Halle zu verfassen gab. Herausgekommen sind kleinere Texte, die ich persönlich für lustig, ja gar komisch hielt oder zumindest als kritischen Kommentar empfand. Ob sie nun wirklich das eine oder das andere waren - ehrlich gesagt, das möchte ich im nachhinein nicht mehr beurteilen.

Vielleicht ist es noch interessant zu erfahren, wie es angefangen hat - das Wichteln! Es war ein dunkler Novembermorgen im Jahr 1994. Eigentlich war es mehr Abend, aber zu dieser Zeit war ich noch Student. Nun, es war in der Redaktion des Teuto Express, und mein Chef sagte: „Wir brauchen eine Lokalglosse! DU! Du machst das!" Und so fing alles an! Zunächst brauchte ich nur jeden Monat einmal zuzuschlagen, dann aber bitte auch halbseitig. Später, zweiwöchig, etwa mit einer Viertelseite; und schließlich wöchentlich. Also, ich kann Ihnen sagen, wöchentlich eine Lokalglosse zu verfassen, die zumindest einem selbst noch angemessen sinnvoll erscheint! Manchmal habe ich vor mir selbst Respekt.

Tatsächlich gab es nicht immer einen entsprechenden Anlaß, um einen Wichtel mit Lokalbezug zu kreieren. Daher gibt es im zweiten Teil dieses Buches eine Reihe von Texten, die ich mit dem Oberbegriff „Zeitgeist" umschreiben möchte und bei denen es sich oft um Beobachtungen aus dem alltäglichen Leben handelt. Im ersten Teil allerdings befinden sich nur Stücke mit lokalen Bezug. Dabei ist ganz klar, daß Dinge, die ich vor noch fünf Jahren aufs Korn genommen habe, heute nicht mehr aktuell sind. Allerdings sollte man sich nicht wundern, wie vieles sich nicht verändert hat.

Aufmerksame Beobachter des lokalen Lebens erinnern sich mit Sicherheit an viele der beschriebenen Ereignisse und Vorkommnisse und werden entsprechende Bemerkungen zu interpretieren wissen. Vielleicht entdecken einige sogar Fehler und Ungereimtheiten, was ich übrigens nicht hoffe.

Denjenigen, die sich in den heimischen Gefilden nicht so sehr auskennen, hoffe ich mit den kurzen Kommentaren einen gangbaren Weg durch dieses Buch aufzuzeigen und so auch diesen Lesern einige heitere Momente bieten zu können.

Zu guter Letzt noch eine Bitte:

Sollten Sie hier in diesem Buch erwähnt werden oder sich in der einen oder anderen Beschreibung wiedererkennen, ärgern Sie sich bitte nicht. Vielleicht können Sie sogar ein wenig über sich selbst lachen, denn dann hätte dieses Buch sein Ziel erreicht.

Marc Obermöller, Juli 2000

Prolog

So schrieb der „Der Ravensberger Wichtel" im November 1995 im „Teuto Express":

Nun soll ich diese Seite wieder mit irgendwelchem Geschreibe füllen, damit Sie nicht auf ein leeres Blatt starren müssen. Nun gut, ich mache mir da nichts vor, ich weiß, daß niemand dieses Magazin liest. Aber mein Verleger glaubt in der Tat fest daran. Und manchmal vermag allein der feste Glaube bekanntlich Berge zu versetzen. Es scheint also, als ob doch jemand meinen Bemühungen, diese Seite mit wenigstens etwas sinnvollem Inhalt zu füllen, eine gewisse Aufmerksamkeit schenkt. In welcher Situation sie es auch immer tun, auf dem Klo, beim Entfachen des gemütlichen Kaminfeuers oder beim Streichen ihres selbst gebastelten Weihnachtsgeschenkes, ich bin Ihnen in jedem Falle dankbar.

An dieser Stelle möchte ich übrigens endlich einmal jemanden grüßen. Da ich nicht im Radio zu Hause bin, muß ich diesen Weg wählen. Also: „Hallo Mama, siehst Du, ich mache gar keine Fehler mehr."

Sofiel zum Persönlichen. Eigentlich sollten auf dieser Seite immer lokale Themen und Ereignisse kritisch beleuchtet, kritisch beschrieben oder kritisch kommentiert werden, möglichst noch mit einer „Prise Komik", wie sich der Verleger ausdrückt, „denn der Leser liest auch gern mal 'was zum Schmunzeln." Alles schön und gut, doch was ist denn schon passiert, was kritisch zu beleuchten, kritisch zu beschreiben oder kritisch zu kommentieren sich lohnen würde? Es gäbe wohl viele passende Antworten auf diese Frage, doch ich denke die wohl treffendste ist: „Nichts, gar nichts, überhaupt nichts, weniger als nichts, null, ... mit einem Wort: esistnichtgeradevielpassiert."

Gut, ich habe lange darüber nachgedacht, ob vielleicht die Gesamtschuldiskussion in Steinhagen das passende Thema wäre. Aber sind wir doch einmal, nur dieses eine Mal, ehrlich zueinander: In Borgholzhausen würde nicht einer der vielen - den fleißigen Kleintierzüchtern sei es gedankt - Hähne danach krähen, auch ein Armin Haufler nicht. Und aus Werther mag die Reaktion aus einem wissenden, mitfühlenden Lächeln bestehen. Also kein guter Stoff, um diese Seite zu füllen.

Auch die Erkenntnis des Staatlichen Umweltamtes, daß die Kompostierungsanlage in Künsebeck noch mehr stinkt als der mit feinsten Tropenholz gefütterte Kamin unseres Nachbarn, läßt die meisten Bewohner des Altkreises wohl eher kalt. Und wenn der nächstgelegene Bauer wieder mit seinem wöchentlichen Jaucheüberschuß sein Feld überflutet, werden sich viele den angenehmen Geruch von Fäulnis und Verwesung in die Nase rufen und diejenigen beneiden, die sich ihren frischen Kompost zu Fuß holen können.

Eine wirklich vertrackte Situation, die ich hier zu bewältigen habe. Es ist aber auch zum Verzweifeln; keine Skandale, keine Steueraffären, keine schmierigen Gerüchte, wie gesagt: Nichts. Dabei wäre das Nichts schon besser als nichts, zeigt es doch einem wieder ganz deutlich, daß man in der Provinz wohnt. Daraufhin hätte man im Selbstmitleid versinken können .... . Ich liebe das Selbstmitleid, schließlich bemitleidet einen ja sonst keiner. Aber nun reicht es auch für heute, bevor ich wirklich noch anfange zu versinken.

Na, haben Sie es gemerkt, wieder habe ich eine ganze Seite geschunden. Sie haben es nicht bemerkt, daß ich eigentlich nicht wußte, was ich schreiben sollte. Machen Sie sich nichts daraus, es bleibt unter uns. Sie sind ohnehin mein einziger Leser.

...

In meinem Inneren hoffte ich stets, daß es noch mehr als nur diesen einen Interessenten für die Nichtigkeiten des ostwestfälischen Lebens an den Hängen des Teutoburger Waldes gab und gibt. Davon zeugen auch die nachfolgenden Seiten dieses Buches!

Teil I

Aus den Gemeinden

Als Ravensberger Wichtel war ich stets bemüht, meine Aufmerksamkeit zu gleichen Teilen allen Gemeinden im Altkreis Halle zukommen zu lassen. Tatsächlich war durch die Lage meiner Höhle ein gewisser Standortvorteil für die Lindenstadt gegeben. Auch machten nicht alle Gemeinden in gleicher Weise von sich Reden, siehe auch Piumer Politik. Trotzdem, ich habe versucht sie alle zu bedenken, wovon auch dieses Kapitel zeugen soll.

Kreis Gütersloh

Ereignisse, die den gesamten Kreis Gütersloh und damit auch den Haller Raum betrafen, wurden von mir selbstverständlich auch bedacht. Zwei dieser einschneidenden Geschicke, denen ich meine Aufmerksamkeit widmete, habe ich hier aufgenommen. Zunächst ein Stück über die Fondpleite des Jochen Biele, die im Frühjahr 1997 eine Reihe von Kleinanlegern um ihr Erspartes brachte. Die, die betroffen waren, werden sich sicherlich noch genauestens erinnern.

Absolut wicht(el)ig! - Finanztip des Monats
Mai 1997

Daß wir in einer Gegend leben, in der wirklich so gut wie nichts aufsehenerregendes passiert, weiß eigentlich jeder. Außer vielleicht denjenigen, die immer noch einen Heimatabend der Kyffhäuser-Jugend für einen „Rave" halten. Vorausgesetzt natürlich, daß es hier überhaupt Sinn macht, von Kyffhäuser-Jugend zu sprechen.

Die Frage nach dem Sinn stellt sich ja in vielen Bereichen. So beispielsweise der Sinn von Personen, die nichts anderes zu tun zu haben scheinen, als armen Autofahrern einen Strafzettel zu verpassen, sobald sie es auch nur wagen, sich mehr als vier Schritt von ihrem ohne Parkscheibe abgestellten Auto zu entfernen. Hier ist natürlich die Lindenstadtausgabe gemeint, die dieses Verhalten bis zum höchsten Grade perfektioniert hat.

Aber bevor uns die Frage nach dem Sinn in philosophische Dimensionen führt, die einen eindeutig zu hohen Anspruch für diese Rubrik haben, brechen wir diesen Gedanken lieber ab und widmen uns wieder dem Dilemma der Langeweile in unserer Region. Da mag es einen nicht verwundern, daß sich die Tagespresse wie ein Geier auf verwesendes Aas stürzt, wenn wirklich einmal ein kleines Skandälchen passiert. Nein, das Skandälchen, von dem wir hier sprechen, ist nicht der Umstand, daß Gila van Delden ein neues Buch herausgebracht hat, sondern die Fondpleite des Jochen Biele. Tagelang mußte man sich als fleißiger Zeitungsleser durch die Klagen der Kleinanleger und die Stellungnahmen der Verantwortlichen quälen.

Und was haben wir jetzt daraus gelernt? Eigentlich genau das, was wir auch schon mit 10 Jahren festgestellt haben, als wir unser gesamtes Taschengeld im Kettenbriefsystem verschickten, ohne jemals einen Pfennig wiederzusehen. Nämlich: „Verlierst Du dumm Dein Geld, die Schuld auf Dich nur fällt." Ja, so ist das Leben, damals waren es nur die fünf Mark Taschengeld, heute sind es die 25.000 Mark Ersparnisse. Das tut weh! Nichts dazugelernt.

Aber so schlimm ist das gar nicht, immerhin hat man einige Leute damit glücklich gemacht: Die Lokaljournalisten, weil die endlich etwas zu berichten hatten, mich, den Wichtel, weil ich nun damit etwas für diese Seite schreiben konnte, diejenigen, die es schon immer gewußt haben und sich nun bestätigt fühlen, die Banken, die sicherlich an diesem Geschäft verdient haben, die SPD, weil es einmal mehr gezeigt hat, wie es wirtschaftlich in unserem Land bergab geht, Piece, den ich an dieser Stelle grüßen möchte und viele andere mehr.

Also, bis bald, und liebe Kinder glaubt mir, die Sache mit dem Kettenbrief klappt wirklich nicht.

Kreishaus in Gütersloh - Schaltzentrale und Kulturstätte

Tja, so ist das Leben; gemein und ungerecht. Doch um zumindest die Ungerechtig-keit ein wenig zu mildern, haben wir glücklicherweise die Polizei. Und um die dreht sich das folgende kleine Geschreibsel.

Teddys im Dienstwagen
November 1997

Bald ist es geschafft! Dann ist auch dieses Jahr vergangen. Vorausgesetzt natür-lich, man überlebt die Feiertage und die vorweihnachtliche Geschenkejagd. Längst haben die Händler zum lustigen Hallali geblasen, wie das täglich dicker werdende Bündel Werbebroschüren zeigt.

Zusammen mit den Weihnachtsbäumen und dem enormen Verbrauch an Ge-schenkpapier zu dieser hochheiligen Zeit entwickelt sich das Fest der Liebe zum Alptraum jedes engagierten Waldschützers. Nichtsdestotrotz ist die Weihnachtszeit der goldene Mittelpunkt eines jeden Einzelhändlers. Auch die Polizei in unserem Lande scheint sich dem großartigen Weihnachtsgeschäft anschließen zu wollen. Warum sonst sollte sie pünktlich zum Fest ihren Kuschelteddy in Polizeiuniform herausbringen?

Für zwanzig Mark kann man seine Kinder mit einem solch knuffigen Ordnungs-hüter beglücken. Ich kann da nur sagen, nicht zwanzig Mark, sondern zwanzig Jah-re, und zwar zu spät. Mal Hand aufs Herz, welches Blag freut sich heute noch über einen Teddy und dann noch in Polizeiuniform? Im Zeitalter von Tamagotchi und Playstation ist so ein Stoffknäuel wohl virtuell ein bißchen unterdimensioniert. Ab-gesehen davon geht der Trend bei Stofftieren, wie neulich noch zu lesen war, mehr in die Richtung plattgefahrene Katze. Da kann man nur sagen: Die Zeichen der Zeit nicht erkannt, liebe Schutzmänner!

Aber mit ein bißchen eingenähter Elektronik läßt sich vielleicht noch etwas ret-ten. So könnte der Polizistenbär eine flotte Stimme bekommen und sinnstiftende Sa-chen sagen, zum Beispiel „Her mit dem Lappen".

Die Teddys sollen am besten in jedem Streifenwagen vorhanden sein, damit sie zum Trösten und Festhalten an betroffene Kinder vergeben werden können. Ob sich die Kleinen aber wirklich über den lustigen Teddy freuen, wenn sie gerade mit dem Autoradio in der Hand erwischt worden sind? Und wenn beim nächsten Castor-Transport die neuen Mitarbeiter der Polizei im Einsatz sind, dann bitte nur mit einer ordentlichen Tränengasfüllung.

Andererseits ließe sich das Teddy-Prinzip auch wunderbar auf die Bundeswehr übertragen: Der Eurofighter wird serienmäßig mit kuscheligen Kopiloten ausgerü-stet, und die wären damit die modernsten Teile an Bord. Zumindest hätten die Pilo-ten etwas zum Festhalten.

* * *

Halle

Wie bereits erwähnt, hat sich mein Wohnort auch in der Häufigkeit niedergeschlagen, mit der Themen behandelt wurden, die sich besonders auf die Lindenstadt bezogen. So beispielsweise die Verkehrspolitik der Lindenstadt, die mich stets direkt betraf und von der wir später noch mehr lesen werden.
Wenn man heute an Halle denkt, denkt man vornehmlich an Tennis und das zu recht. Also los geht's ...

Die VIP's, die NIP's und der Stau
Juli 1995

Das größte Sportereignis der Region ist wieder einmal vorbeigegangen, wenn Sie dieses lesen. Die Gerry Weber Open haben zum dritten Male stattgefunden...

Erinnern wir uns gemeinsam noch einmal zurück. Zuerst war der Taifun-Cup, der Vorläufer der Gerry Weber Open. Er fand noch auf den Ascheplätzen des TC Halle statt. 1993: Der Center Court steht bereits und die Farbe der Tennisplätze hat sich zu den Klängen von Phil Burts „The grass gets greener ..." von saftigem Rot in ein tiefes Grün verwandelt. 1994 kamen dann die großen Stars, beispielsweise Andre Agassi, wenn er auch nicht lange seine Tenniskunst zum besten gab, und Michael Stich, der schließlich das Turnier gewann.

Nun schreiben wir das Jahr 1995. Auch in diesem Jahr sind wieder Größen des Tennissports angerückt und geben sich ein Stelldichein in der Lindenstadt. Mit ihnen kommen auch wieder all die VIP's und die Möchtegern-VIP's, die eigentlich NIP's (not important persons) sind, aber auch die NIP's, die wissen, daß sie keine VIP's sind und einfach nur gutes Tennis sehen möchten. Ohne die VIP's und die Möchtegern-VIP's, die ja eigentlich NIP's sind, wäre der Tenniszirkus allerdings nur halb so bunt, denn für sie gilt immer noch: sehen und gesehen werden.

Eines haben aber alle gemeinsam: Das ist der Stau auf der B68. Dort stehen sie alle, um bis zum Stadiongelände vorzudringen: die VIP's in großen, die NIP's in kleinen Autos. Weiter geht es aber für beide nur schleppend. Das Verkehrschaos, welches mit kontrollierter Regelmäßigkeit zu jeder Großveranstaltung eintrifft, ist für manche wieder ein eindeutiges Argument für die A33. Man kann zwar auch mit dem Haller Willem oder aber mit dem Park- und Rein-Service zum Turniergelände gelangen, doch die Frage ist, wollen die VIP's und Möchtegern-VIP's dieses überhaupt? Möchten sie nicht viel lieber mit ihrer Edelkarosse protzend bis vor das Stadiongelände fahren? Am besten noch eine Runde durch die Haller Innenstadt, im Schrittempo natürlich, damit sich die einheimischen Autofahrer so richtig über ihre Gäste aufregen können.

Meist bleibt dieser kurze Ausflug der einzige Eindruck, den die Gäste von der Lindenstadt mitnehmen, denn ansonsten bleibt man doch lieber auf dem Stadiongelände, dort ist immerhin etwas los. Da ändern auch die netten Versuche der

HIW und anderer Initiativen nichts. Ein Fahrradverleih, um Fahrradtouren durch das Haller Land zu unternehmen, ist zwar ein lobenswerter Versuch, lockt aber kaum einen Besucher vom Stadiongelände. Mountainbike-Touren durch den Teutoburger Wald, das wäre wohl eine zeitgemäßere Alternative. Ein Biergarten auf dem Rochinplatz ist zwar schön zum Sitzen, kann aber nicht als abendliche Attraktion gelten. Auch wenn sich dort das köstliche und mit einem stolzen Preis versehene „Haller-Ass" im Ausschank befindet. Live-Musik, Tanz und Kabarett, das muß schon geboten werden, um heutzutage noch jemanden vom Fernseher wegzulocken.

Innerhalb von drei Jahren sind Gerry Weber Open zu einem Rasentennisturnier der Spitzenklasse herangewachsen. Eine beeindruckende Leistung. Allerdings auch ein wenig zu schnell für unsere nette kleine Lindenstadt, die immer noch verschlafen und verträumt am Südhang des Teutoburger Waldes liegt.

Und da liegt es immer noch! Aber, Halle kann auch politisch sein und der Wichtel ebenfalls. Ein kleines Politikum der Lindenstadt war die geplante Einführung von Biofiltern für die Komposttonne.

Hände weg von der Biotonne!
Dezember 1998

In der vergangenen Woche ist die Haller FDP an dieser Stelle nicht gut weggekommen. „Zu Recht!" wird da mancher sagen. Nun, ich möchte diesen Menschen nicht unbedingt widersprechen.

Doch wie schnell sich die Zeiten ändern; die FDP weiß es wohl selbst am besten. Gestern noch verdammt, muß ich sie heute als leuchtendes Beispiel präsentieren. Nicht das banale Streben nach Gerechtigkeit bringt mich dazu, nein, was mich jetzt vorantreibt, sind edlere Ziele.

Lange ist es noch nicht her, da präsentierten die Liberalen auf dem Haller Umweltmarkt den Biofilter für die Komposttonne. Neben Duftkerzen auf Honigbasis und aus Schafwolle geflochtenen Tischdecken wohl tatsächlich die einzig sinnvolle Präsentation. Verhindert er doch immerhin, daß sich während der Sommermonate unter seinem „Deckel" ein zweifelhaftes Leben breitmacht. Angeekeltes Naserümpfen und Panikzustände angesichts der illustren Lebensgemeinschaft im Komposteimer hätten damit endlich ein Ende. Also, her damit!

Aber da gibt es noch die Städtereinigung, genau, die höchste Instanz in Sachen Müll, und die sagt: „Wenn Filter, dann nur mit uns. Gut, das kostet pro Deckel statt dreißig hundert Mark, aber dafür filtern die auch nicht schlechter." Die Installation käme natürlich noch mal extra.

Ist klar: Mülltonnen sind komplexe Funktionssysteme und die benötigen schon kompetentes Fachpersonal. Das fehlte noch, daß da ein Laie dran rumschraubt. Überdies ist gerade bei der Biotonne, in die die Küchenabfälle entsorgt werden, die Gefahr groß, daß sich Hausfrauen an der Installation versuchen könnten. Und man weiß ja: Frauen und Technik... Was da für Schäden entstehen könnten!

Daß durch die Einführung des Biofilters ein einzigartiges Biotop tausendfach zerstört wird, hat bei der ganzen Geschichte natürlich mal wieder keiner bedacht. Wäre vielleicht was für die Grünen...

* * *

Pium

Borgholzhausen, das wissen alle, hat eine außerordentlich interessante politische Landschaft. Nichtsdestotrotz, es gibt auch noch anderes aus der Lebkuchenstadt in den Schluchten des Teutoburger Waldes zu berichten. So zum Beispiel der Umstand, daß bei Bauarbeiten eine Reihe von Saurierspuren entdeckt wurden. Unglaublich, soll es in Pium auch ein Leben vor dem Lebkuchen gegeben haben?

Teutonische Saurierspuren für Jurassic Pium

Juli 1997

Ja, liebe Wichtel-Leser, es ist wieder soweit. Sicherlich haben Sie sich schon ungeduldig gefragt, wann eine neue Ausgabe des Teuto Express endlich wieder ihren Briefkasten verstopft und wann Sie sich wieder innerhalb einer Minute durch diese Ansammlung von Papier blättern können, um letztendlich auf dieser Seite anzukommen. Jetzt ist Ihr Flehen erhört worden und nun haben Sie vor sich die neueste Ausgabe des unglaublichen, sagenumwobenen, legendären, wahnsinnigen - Ihnen fallen sicherlich noch viel mehr passende Ausdrücke an dieser Stelle ein - Ravensberger Wichtels.

Sollten Sie an dieser Stelle ihre Freudentränen über diesen glücklichen Umstand nicht mehr zurückhalten können, tun sie sich keinen Zwang an; lassen Sie es raus! Man muß sich offen zu seinen Gefühlen bekennen, alle tun das heutzutage. Weinen Sie ruhig in der Öffentlichkeit, immer man raus damit. Es gibt Menschen, die verdienen mit Tränen ihr Geld! So wie Herr Fliege (Mensch?!), da stimmen die Quoten erst, wenn sich der Talkgast vor Selbstmitleid und Heulkrämpfen auf den billigen Studioboden krümmt. Ja, ja, so ist das.

Früher war das anders, da hat man noch nicht so rumgeflennt in der Öffentlichkeit; zumindest als Mann, also als richtiger Mann, nicht. Na ja, heute kann man schon Volkshochschulkurse besuchen, die sich mit keiner geringeren Sache beschäftigen als mit dem Heulen, Flennen und Plärren. Ich sag' Ihnen mal 'was ganz im Vertrauen: Alles Humbug. Also ich heule oft genug, natürlich nicht öffentlich, ist klar, als Wichtel kann man sich so etwas nicht leisten, aber heulen tue ich schon. Was bleibt einem auch anderes übrig.

Aber es gibt nicht nur Tränen der Trauer in diesen Tagen, auch manche Lachträne perlt sich die Wange hinunter, wie der Wassertropfen am Pilsglas aus der Werbung. Zumindest immer dann, wenn Herr Fiesmeier aus Borgholzhausen wieder eine ganzseitige Anzeige geschaltet hat, um das himmelschreiende Unrecht in der (noch) Lebkuchenstadt aufzuzeigen. Also, mir persönlich fallen spontan mindestens drei Dinge ein, sein Geld sinnvoller einzusetzen, als eine Anzeigenkampagne gegen den Piumer Stadtrat anzuzetteln. Aber jeder muß selbst wissen, wie er seine Rente durchbringt.

In Borgholzhausen läuft längst nicht alles so rund, wie es sollte, das weiß man mittlerweile in der gesamten Region um den Teutoburger Wald. Pium muß jetzt sogar um den traditionsreichen Ruf als Lebkuchenstadt bangen. Und wenn der erst einmal weg ist, was bleibt dann noch von Borgholzhausen? Der Weihnachtsmarkt? Der Kartoffelmarkt? Das Köhlerfest? Kann sich eine Gemeinde über solche Dinge identifizieren, sich über Wasser halten?

Das sind Fragen, die sich wohl auch der Heimatverein stellte und bei der erstbesten Gelegenheit in einer spontanen Aktion beantwortete. Die Antwort lautet: Saurierspuren. Ja, das ist das Image der Zukunft! „Jurassic Pium" lädt ein ins Saurierparadies im Teutoburger Wald. Schon will man am liebsten ein Museum errichten, um den Fußabdrücken einiger Kleinsaurier den angemessenen Rahmen zu geben. Und ratz-fatz, wie man heutzutage sagt, entsteht in Pium ein Freizeitpark der neuen Dimension, zumindest, wenn Herr Weber von der Sache Wind bekommt. Michael Crichtons Fantasy-Schocker findet seinen wahren Schauplatz am Teutoburger Wald.

Ich als zukünftiger Anwohner einer solchen Anlage möchte schon jetzt meine Bedenken äußern. Die permanenten Ruhestörungen durch das Brunftgeschrei des Tyrannosaurus Rex und die Lichteinwirkungen, die durch die Reflexion der Saurierpanzer entstehen, sind sicherlich in keiner Weise tragbar. Aus so einem Park wird nix, dafür sorge ich schon.

Aber, liebe Piumer Heimatfreunde, vergießen sie deshalb keine Tränen. Sie wissen ja, wahre Männer weinen nicht.

Was für ein Schlußsatz! Hier wird das Rollenverständnis der Geschlechter wieder mal in Druckbuchstaben manifestiert. (Herr)lich! Oder finden Sie es eher (däm(e))lich? Wie dem auch sei, zum Rollenverständnis habe ich noch eine schöne Geschichte aus Pium ...

Echt schief gewickelt
November 1997

So, jetzt ist es wieder soweit, alle Jahre wieder: Weihnachten. Das heilige Fest steht vor der Tür und wir dahinter, um auch in diesem Jahr wieder kräftig abzusahnen.

Moment mal, da war ich wohl etwas zu voreilig, schließlich ist es erst November. Soll noch einer behaupten, wir Wichtel wären Geschöpfe der Vergangenheit; wohl kaum. Die Zukunft ist unser Metier, schon jetzt gibt es die ersten echten Cyber-Wichtel, die in der „Virtual Reality" leben.

Aber zurück auf die Erde - und zum Absahnen. Gab es doch neulich in der Lebkuchenstadt Borgholzhausen einen Antrag an den „Ausschuß für Umweltschutz und Landschaftspflege", der da lautete: Wenn Mütter Stoffwindeln verwenden, sollen sie von der Stadt ein Zuschuß erhalten. Als ich das gehört hatte, mußte ich mich erst einmal vergewissern, daß nicht schon April ist. So etwas können doch allen Ernstes wohl nur irgendwelche Emanzipations-Umweltöko-Frauen fordern, die sonst keine Probleme haben und sich deshalb selber welche schaffen müssen.

Das Ganze soll angeblich einem hehren Ziel dienen, nämlich dem Umweltschutz. In Wirklichkeit aber sind hier richtige Abzockerinnen am Werk. Sie haben natürlich schon längst errechnet, was eigentlich jeder weiß, daß sich nämlich Baumwollwindeln, früher übrigens durchaus üblich, noch beim ersten Kind kostenmäßig amortisieren. Plant man mehr Nachwuchs, kann man ein hübsches Sümmchen sparen.

Jetzt aber wollen sie für ihre Schlauheit und Sparsamkeit noch belohnt werden. Meine Güte, wie viele Mütter haben vor 30 Jahren vom Staat Geld für Windeln bekommen?

Wie wäre es statt dessen, wenn man die anderen dafür bezahlen ließe, daß sie Wegwerfwindeln benutzen? Jene 6.000 Einwegwindeln, die pro Wickelphase in den Müll wandern. Nicht in die grüne Tonne, auch nicht in den Papiersack und schon gar nicht in den gelben Sack, obwohl bestimmt irgendwo ein grüner Punkt drauf ist. Nein, in den Restmüll und dann geht's ab auf die Deponie. 500 Jahre, was auf so einer richtigen Müllkippe ein kurze Zeit ist, braucht es, bis es eine Einwegwindel hinweggerafft hat, die Fäkalien sind übrigens schon nach wenigen Wochen zersetzt.

Erschreckt hat mich, daß in Rheda-Wiedenbrück und in Harsewinkel die Kostenbeteiligung für Baumwollwindeln bereits läuft. Und das alles so kurz vor Weihnachten.

* * *

Versmold

Versmold, die Fleischerstadt! Ich weiß nicht warum, aber irgendwie hat man als Haller stets das Gefühl, daß man vor irgend etwas verschont geblieben ist. Ich werde aber wohl nie herausfinden, was es ist!
Der erste Text zur Fleischerstadt beschäftigt sich mit dem Abriß eines alten Landhauses. Unglaublicherweise schien es damals wirklich so zu sein, daß niemand von dieser Abrissunternehmung etwas wußte.

Glaub's oder glaub's nicht!

Februar 1998

Daß es mit der wirtschaftlichen Lage in diesem unserem Lande nicht zum besten bestellt ist, weiß jeder, der seine Lohnabrechnung am Ende des Monats in Händen hält (wer nix in den Händen hält, weiß es natürlich noch viel besser).

Aber muß man nicht glücklich sein, überhaupt einen Job zu haben? Ich meine ja, zumindest habe ich doch neulich noch die neuesten Arbeitslosenzahlen für den Kreis Gütersloh aus meiner heimischen Tageszeitung entnommen und mußte feststellen, daß wohl alle Bemühungen um den Standort Deutschland gescheitert sind. Die Arbeitslosigkeit, titelte mein Lokalblatt, liege bei 91 Prozent, das sind ungefähr alle (bis auf die Beamten natürlich).

Meldung des Haller Kreisblatts vom 31.08.98

...um Hoff-
...Zug aufzu-
spring... ...den Zugang öffnen wür... ...te ich 4 000 Anfragen
...indes auf dem Tisch."

Kreis Gütersloh:
Arbeitslosenquote
von 91, Prozent

Kreis Gütersloh. Im Vergleich zum vergangenen Jahr ist die Zahl der Arbeitslosen im Kreis Gütersloh im Dezember um zwei Prozent gestiegen. Insgesamt waren 13 174 P...
im Arbeitsamt in Biel...
„Nachdem im He...
bessere Zahl...
wies, s...
sech...

„Du gütige Güte", dachte ich mir an diesem grauen Morgen im Januar, da ich die Schlagzeile las, „da müssen sie mich wohl gestern noch wegrationalisiert haben". Tja, und da bin ich dann zu Hause geblieben.

Irgendwann hat mich dann meine Firma angerufen und gefragt, ob ich noch alle Haare in meinem Wichtelbart hätte. Erst da ist mir aufgefallen, daß die sich in der Zeitung verdruckt hatten und nicht 91 Prozent, sondern nur 9,1 Prozent im Kreis Gütersloh arbeitslos sind. Aber heutzutage ist halt alles möglich, hatte ich so gedacht. Hätten Sie doch auch, oder etwa nicht? Liest und hört man doch so viel über so unglaubliche Sachen, die dann doch anscheinend alle wahr sind. Wie jetzt kürzlich erst in Versmold. Da sind doch mir nichts, dir nichts, urplötzlich einfach zwei Häuser mit Genehmigung des Kreises abgerissen worden und keiner von und in der Stadt Versmold will etwas davon gewußt haben. Irgendwie kann ich mir das gar nicht so recht vorstellen, wo man doch heutzutage für jeden zu fällenden Baum auf seinem Privatgrundstück eine Handvoll Genehmigungen in vierfacher Ausfertigung, Gutachten, Expertisen und Nachbarnbefragungen vorweisen muß. Und da kommt jemand daher und reißt einfach ein ganzes Haus nieder, ohne daß jemand informiert gewesen sein will; außer irgendwelche Beamte irgendwo zwischen Rheda und Gütersloh (man weiß nie so genau, wo die einzelnen Behörden dort so liegen).

In jedem Falle ist das eine riesige Unverschämtheit, vor allem, weil es sich bei den abgerissenen Häusern um schöne alte Villen gehandelt hat. Das sieht übrigens die Kunstkreisvorsitzende Ulrike Poetter-Koitz (was für ein Doppelname!) genauso, sie nannte es nur kurz: „Kulturvandalismus." Und da hat die gute Kunstkreisvorsitzende wohl recht.

Also, seien Sie auf der Hut, liebe Versmolder, sonst kommt eines Tages jemand und macht Ihnen den Schweinebrunnen platt. Andererseits: Wären damit nicht alle Innenstadtprobleme gelöst?

So, und schon sind wir beim nächsten Stück: Der Versmolder Schweinebrunnen. Das verkehrspolitische Thema Nr. 1 in der Fleischerstadt. Solange ich Ravensberger Wichtel bin, ist dieser Brunnen im Herzen Versmolds ein ewiger Streitpunkt. Wen wundert's also, daß es irgendwann soweit kommen mußte, daß auch dieses Kunstwerk sein Fett wegbekam.

Die Wurst hat ein Ende - oder?

März 1999

Solange ich als Wichtel durch die Gefilde des Altkreises Halle tapere, sogar schon zu der Zeit, als noch niemand an Wichtel glaubte, war und ist das Thema aktuell. Und jetzt endlich scheint eine Lösung mal wieder näher zu rücken.

Nein, man hat sich nicht dazu entschlossen, die A33 komplett durch den Transrapid zu ersetzen. Nein, überhaupt ist nicht die A33, obwohl auch ein unbestrittenes Dauerthema, der Schwerpunkt meiner heutigen Betrachtung, sondern der Versmolder Marktplatz.

Die Versmolder und all die anderen Metzger, Schlachter und Chirurgen der Welt wissen natürlich um die unglaubliche Brisanz dieser Problematik. Dem fernen Betrachter hingegen, dem Nicht-Insider, also sozusagen dem Outsider, fehlt oft das Gespür, das Wissen und die Sensibilität, um dem Thema mit dem nötigen Respekt zu begegnen.

Den Mittelpunkt des immer schwelenden Streites bildet der „Schweinebrunnen", im Zeitalter der „political correctness" als „Wurstträgerbrunnen" bezeichnet. Dieser nahezu mittig, also zentral, in der Innenstadt gelegene Brunnen mit seinen unglaublichen Wasserspielen ist praktisch ein Stück Versmolder Geschichte. Dem Künstler ist es gelungen, ein naturgetreues Abbild fleischigen Lebens zu schaffen: Fidele Schweine, die um einen Wursträger herumtollen, zeugen von Jahren glücklichen Nebeneinanders von Tier und Mensch in Versmold.

Doch immer wieder sind der Marktplatz, auf dem er steht, und der Brunnen selbst ins Gerede gekommen. Schließlich sollten die stadtbildprägenden Wasserspiele einfach einige Meter versetzt werden und so dem Autoverkehr weichen. Denn darum ging es im Wesentlichen: Öffnen oder Schließen des Versmolder Marktplatzes für den Verkehr? Der arme Brunnen stand stets zwischen diesen beiden Alternativen.

Aber jetzt endlich, nach Jahren des Hin und Her und Her und Hin, scheinen sich die Lokalpolitiker tatsächlich auf einen wahren Kompromiß geeignet zu haben. Eine halbe Sperrung des Marktplatzes steht in Aussicht. Das wäre wahrlich Politik. Aber man soll den Tag nicht vor dem Abend loben oder besser gesagt: Alles hat ein Ende - nur die Wurst hat zwei.

Der Versmolder Schweinebrunnen - Ästhetisches Streitobjekt, politisch korrekt: Wursträgerbrunnen.

Werther

Das komische an Werther ist, daß wir von der Südseite denken, die Wertheraner lebten hinterm Berg und die Wertheraner andererseits dasselbe von uns denken. Und irgendwie haben alle Recht!
Genug geschwafelt, los geht's mit dem Müll:

Flotte Sprüche nach Werther-Art
April 1998

Schon sind wieder zwei Wochen ins Land gezogen und Sie haben sich sicherlich gefragt: „Mensch, wann kommt denn nur der neue Wichtel." Ihr Warten war nicht vergebens, hier ist er schon. Natürlich pünktlich, auf den Wichtel ist schließlich Verlaß.

Aber genug des Eigenlobs, Sie wissen, das stinkt. Etwas anderes kann übrigens auch gewaltig stinken: die Umweltverschmutzung. Und nicht nur die im großen Stil, wie Altölverklappung auf Nachbars Gartenteich oder die Medikamentenentsorgung in Schwiegermutters Kaffee. Nein, auch die im kleinen: hier einen Sack an den Straßenrand, dort ein alter Fernseher in die Fichtenschonung.

Nun gut, wir wissen alle, wie die Müllgebühren jedes Jahr steigen und wieviel mehr Verpackungen die Firmen produzieren, seit ein gewisser grüner Punkt aus allem einen recyclebaren Wertstoff macht. Trotz alledem muß die wilde Müllentsorgung ein Ende haben. Denken sie doch auch mal an uns arme Wichtel, die wir im Teutoburger Wald leben. Was würden Sie sagen, wenn Sie morgens nicht vor die Tür treten könnten, weil jemand seinen Sack direkt vor ihren Höhleneingang entleert hat?

Die Wertheraner haben sich da Gedanken gemacht und eine ungewöhnliche Aktion gestartet. An bekannten wilden Müllabladeplätzen mahnen neuerdings Spruchbanner den fiesen Umweltsünder und sein Gewissen. So steht dann dort beispielsweise zu lesen: „Ein Abfallhaufen bleibt selten allein." Gut, könnte man denken, dann ist meiner wenigstens nicht so einsam. „Grünabfälle gehören nicht in den Wald": Mein alter Kühlschrank aber schon, schließlich sollen doch auch die kleinen Wichtel mal ein kühles Bier trinken können. Oder: „Wilde Müllablagerungen sind kein Kavaliersdelikt." Was sind eigentlich Kavaliersdelikte?

Ich will nicht mosern, nein, wirklich nicht. Aber glaubt tatsächlich jemand, irgendwer ließe sich durch solche Slogans von seinem schändlichen Treiben abhalten? Da könnte man ja auch in jeder Bank ein Transparent mit der Aufschrift „Banküberfälle sind nun aber wirklich doof" anbringen und darauf setzen, daß es keiner mehr mit seinem Gewissen vereinbaren kann, sich die Kohle zu zocken.

Hand aufs Herz, so ein kleines Schild mit der Aufschrift „Hier Müll abzuladen kostet 1.000 Mark" hätte eine höhere Effektivität. Verlassen Sie sich darauf.

Der Landratzyklus

Natürlich hatte auch die Politik auf Kreisebene ihren Reiz. Besonders das politische Bauerntheater um die Landratswahl im Herbst 1996 bildete den Auftakt für eine Reihe von Beiträgen zum höchsten Amt im Kreis. Auf diese Weise entstand der „Landratszyklus", wie ich ihn zu nennen pflege.
Zur Erinnerung: Ende 1996 wurde der erste hauptamtliche Landrat des Kreises Gütersloh gesucht. Zur Wahl standen die Personen der bisherigen Doppelspitze: Landrätin Ursula Bolte und Oberkreisdirektor Günter Kozlowski. Die Wahl Kozlowskis scheiterte an einer einzigen Stimme, und zwar an der seines Parteikollegen Franz Josef Balke. In der Folgezeit wurde die verlorene Wahl in der lokalen Tagespresse mehr als nur öffentlich aufgearbeitet. Allerlei gegenseitige Vorwürfe und Diffamierungen wurden laut, so daß schließlich die Gerichte bemüht werden mußten. Erst die Kommunalwahl 1999 brachte der CDU mit „Powermann" Adenauer wieder die Spitzenposition des Kreises. Die Jahre dazwischen gehörten der SPD und vor allem Ursula Bolte. Doch blicken wir zurück zum Landratsdesaster der CDU:

Von und mit Wilhelm Busch
Januar 1997

Schon Wilhelm Busch hatte es vorausgesehen, das Debakel bei der Landratswahl im Kreis Gütersloh. Auch wenn in seiner Fassung nicht OKD Günter Kozlowski, sondern die gute Witwe Bolte die unglückliche Verliererin war, und der vermeintliche Spitzbube nicht Franz-Josef Balke hieß, sondern als armer Spitz dargestellt wurde, läßt sich doch nicht daran rütteln, daß Wilhelm Busch an das Jahr 1996 dachte, als er seinen zweiten Streich von „Max und Moritz" dichtete. In aktualisierter Form würde er wohl lauten:

Na! Das wird Spektakel geben,
Denn der OKD kommt soeben;
Angewurzelt steht er da,
als er nach dem Ergebnis sah.

Alle Träume waren fort. -
- „Balke!!" - das war sein erstes Wort.
„O du Balke, du Ungetüm!
Aber wart! Ich komme ihm!"

Mit der Presse groß und schwer
Geht es über Balke her;
Laut ertönt sein Wehgeschrei,
denn er fühlt sich schuldenfrei.

...

Und die Moral von der Geschicht':
Die CDU, die wählt man nicht.

Ja, Wilhelm Busch, ein Mann mit großer Weitsicht und einem Auge fürs Detail.
Doch genug der anspruchsvollen Literatur und genug des leidigen Themas Land-
ratswahl, das einem ja schließlich jeden Tag aufs neue, Titelseite links oben, neben
die morgendlichen Brötchen gelegt wird.
Überlassen wir den Schluß nun wieder Wilhelm Busch (aus „Max und Moritz"):
Kurz, im ganzen Ort herum,
Ging ein freudiges Gebrumm:
„Gott sei dank! Nun ist's vorbei
Mit der Übeltäterei!"

Dem war natürlich nicht so, wie bereits der nächste Einwurf zeigt:
Hier sah der Wichtel dem Ex-OKD sogar eine Karriere als Model beschieden, nach-
dem man ihn häufiger auf Fotos in der Tagespresse sah; unter anderem bei einer sei-
ner zahlreichen Blutspenden.

Model-Karriere für Ex-OKD?
Februar 1997

Frohes neues Jahr allerseits. So neu ist es allerdings nicht mehr, haben wir doch
bereits gut ein Zwölftel hinter uns gebracht. Höchste Zeit also, seine guten Vorsätze
bis zum nächsten Jahreswechsel wieder einzumotten. Oder haben Sie tatsächlich das
Rauchen aufgegeben, 20 Pfund abgenommen, Ihre Kinder gegrillt, Ihren Chef verschwinden lassen und seinen Posten eingenommen, sich mit ihrer Schwiegermutter
versöhnt oder einfach nur das beste aus dem ersten Monat des neuen Jahres gemacht? Nein? Das macht gar nichts. Aber es hört sich trotzdem immer wieder gut
an, wenn man in der Silvesternacht vollmundig seine Ziele für das kommende Jahr
kundtut. Auch wenn einen die Realität schneller wieder auf den Boden der Tatsachen
zurückholt, als sich der Kater der Silvesterfeier verabschiedet.
Aber seien Sie versichert (Haftpflicht!?), Sie sind nicht allein. Bestes Beispiel unsere Politiker, deren Berufsehre ihnen grundsätzlich verbietet, sich an irgendwelche
guten Vorsätze zu halten.
Apropos Politiker, welche Vorsätze wohl Ex-OKD Günter Kozlowski für 1997
hat, nachdem er nun seinen Job los ist? Unter anderem sicherlich die 53. Blutspende. Aber ist das alles? Eine Karriere als männliches Fotomodell könnte auch dazu-
gehören, wenn man sich die letzten Fotos aus der Tagespresse anschaut. Aber dann
bitte lächeln, lächeln und nochmals lächeln, auch wenn die Blutabnahmenadel im
Arm steckt. Günter Kozlowski als Model für Calvin Klein Underwear? So ganz
kann ich dem Braten nicht trauen. Wollen wir mal sehen, was er wirklich vorhat, der
Herr Kozlowski. Aber mit den guten Vorsätzen sollte man es, wie gesagt, nicht zu

genau nehmen. Ich habe mir übrigens für 1997 vorgenommen, auch endlich einen „Retriever"-Hund anzuschaffen. Diese kleinen süßen Racker sind mir in den vergangenen Monaten so sehr ans Herz gewachsen, wie auch den vielen anderen Leserbriefschreibern und Hundefreunden. Einfach toll, so 'n Ding.

Aber vergessen sie nie: Wer mit Vorsatz (auch mit gutem) handelt, muß mit höheren Strafen rechnen.

Gut, heute, möchte man annehmen, wird Herr Kozlowski seine 53. Blutspende absolviert haben; eine Modelkarriere hat er nicht eingeschlagen, so irrte ich damals. Aber immerhin wurde er in Öl verewigt, was wohl besonders seinen Widersacher von einst geärgert haben dürfte:

Auf der ganzen Linie verloren
September 1998

Was war das nur für eine spannender Tag als vor zwei Jahren, die Landratswahl im Kreise Gütersloh anstand.

Wie man mittlerweile zur Genüge weiß, war es Franz Josef Balke, der der CDU, und damit vor allem Günter Kozlowski, bei der Abstimmung den Dolch in den Rücken stieß und somit Frau Bolte den Weg zum Amt ebnete. Der gemeine Gütersloher Bürger ist über diese schicksalsträchtige Stimmabgabe wohl eher froh als sauer, immerhin wurde er damit in die Lage versetzt, den Namen seines Oberhauptes auch aussprechen zu können.

Aber die Parteikollegen der CDU kannten für „de fiese Charakter von de Balke" kein Erbarmen. Mit Recht, wie jetzt vom Gericht bestätigt wurde, verbannten sie das weiße unter den schwarzen Schafen. Damit ist Herr Balke der eigentliche Verlierer seiner „Gewissensentscheidung".

Schade! Selbst Erzrivale Kozlowski hat seinen Ärger über die verlorene Wahl verwunden. Dieser Tage wurde ihm für seine Tätigkeit als ehemaliger Oberkreisdirektor noch einmal eine besondere Ehre zuteil. In Öl gemalt wurde sein Konterfei nun in die Ahnengalerie der Verwaltungsbeamten, praktisch die „Hall of Fame des Beamtentums" im Kreis Gütersloh aufgenommen. Im ersten Stock des Kreishauses in Wiedenbrück hängen sie alle.

Und nun raten sie mal, wer dafür sorgte, daß das Bild auch wirklich gerade an die Wand kam. Keine geringere als Landrätin Ulla Bolte selbst. Tja, Franz Josef Balke, auf ganzer Linie verloren. Das wurmt, was?

Mittlerweile allerdings sind alle diese Dinge vergessen, denn die CDU hat mit ihren neuen Landrat in hauptamtlicher Weise ihre Schmach von damals wieder wettgemacht, auch diesem Mann widmete ich einen Teil meiner Aufmerksamkeit:

Mit voller Power zum Landrat
Mai 1999

„Voller Power - Adenauer!" Bei solch kernigen Sprüchen stellt sich meinem kleinen Wichtelhirn wieder einmal die Frage, ob es wohl eine Berufsgruppe gibt, die besser bezahlt wird als die der Werbetexter. Wahrscheinlich nicht. Nun, sicher ist zumindest, daß die Berufsgruppe der Wichtel diesen Anspruch nicht erfüllt.

Wie dem auch sei, „Power-Man" Adenauer steuert mit Vollgas das Amt des Landrates an. Dem unwissenden Leser sei noch einmal mitgeteilt: Sven-Georg Adenauer, 39 Jahre, ist CDU-Kandidat für den Posten des hauptamtlichen Landrates im Kreise Gütersloh. Und tatsächlich ist er verwandt mit „dem" Adenauer, um genau zu sein, er ist dessen Enkel.

Nun will der „junge" CDUler seinen ganz privaten politischen Aufstieg. Ausgestattet mit dem schwarzen „Ade-mobil", in Form eines VW-Beetle, startet Power-Man Adenauer in den Wahlkampf der 1.000 Gespräche. So oder so ähnlich hörte man es bei der Pressekonferenz zur Eröffnung des Wahlkampfes. Zumindest die Eloquenz Adenauers sollte somit nicht in Frage gestellt sein.

Daß es bei der CDU nur zum „Beetle" reicht, während die SPD im vergangenen Jahr Klaus Brandner im Feuerwehrwagen auf Wählerfang gehen ließ, läßt den Beobachter aber doch an der Ernsthaftigkeit der Bemühungen zweifeln. Schließlich soll doch der „schwarze Rächer" Zorro-Adenauer die Schmach seiner Partei bei der vergangenen Landratswahl vergelten. Da reicht es nicht „jung, dynamisch und frisch" wie ein Rasierwasser zu sein, da müssen andere Qualitäten her.

Sicher, Power-Adenauer hat, anders als seine Gegenspielerin, Verwaltungshandwerk gelernt, und in der freien Wirtschaft, so weiß der Landratskandidat, bringt man ein defektes Auto auch nicht zum Bäcker, sondern zum Kfz-Meister. Aber wenn das Auto nicht kaputt ist, und das hoffen wir alle, kann es auch der Bäcker fahren. Im übrigen bringe ich mein Wichtelmobil immer nur zu guten Bekannten, das ist billiger.

An dieser Stelle bleibt mir nur noch zu wünschen, daß es am Ende nicht heißt: „Mit voller Power vor die Mauer, Herr Adenauer".

Tatsächlich ging Sven-Georg Adenauer als Sieger aus der Landratswahl hervor und beglich damit die alte Rechnung:

Die rote Maus zieht aus
August 1999

Nun ist es ja endlich geschafft, die Kommunalwahl 1999 ist vorüber und hat uns allen einen überaus spannenden Wahlsonntag beschert. Der Souverän hat gesprochen. Die Sozis haben einen fetten Denkzettel bekommen und befinden sich allem Anschein nach schon in der Auflösung.

Kopfschüttelnd mag man zur Kenntnis nehmen, daß der Trend für die Bundes-SPD auch vor den Lokalparlamenten keinen Halt gemacht hat. Aber wen wundert's, wenn die Mehrzahl der Bürger das Sparpaket auf der einen und den Kanzler in Maßanzug und Meterzigarre auf der anderen Seite derselben Münze sehen. Wie dem auch sei, ein schwarzes Tuch hat sich über OWL gelegt.

Zumindest hat uns die Verwaltungsreform die Direktwahl des Bürgermeisters beschert und damit die Wahllandschaft ein Stück mehr demokratisiert, wobei ein neues und vor allem spannendes Wahlkapitel aufgeschlagen wurde. Spannung bis zur letzten Stimme und die Möglichkeit, in zwei Wochen gleich noch einmal zur Urne gebeten zu werden, wenn es - zum Beispiel in Borgholzhausen - zur Stichwahl kommt. Ja, die Leute kriegen den Hals gar nicht voll vom Wählen.

Immerhin konnte der Wähler endlich das CDU-Fettnäpfchen auf Kreisebene regulieren. Irgendwie hatten sich die Genossen doch seinerzeit den Landratsposten geangelt. Nun, diese politische Unregelmäßigkeit wurde jetzt wieder geglättet, vom Souverän höchstselbst: Da war das „Hallo" bei den Altwählern in den Wahllokalen aber groß, als sie den Adenauer noch mal wählen durften. Tja, und da geht es auch gleich volle „Power" weiter.

In den Städten und Gemeinden wird sich natürlich auch etwas verändern, nun, da es nur noch einen Chef gibt. Halle hat sich noch einmal für Bürgermeister Jürgen Wolff ausgesprochen. Der ist aber ohne Stadtdirektor gänzlich auf sich selbst gestellt und überdies in einem solch hohen Alter, daß er mitten in der Legislaturperiode die Altersgrenze erreicht. Und dann?

Das weiß keiner so genau, aber das ist auch egal. Hauptsache, Halle ist nicht rot.

VIP's und NIP's

Keine Frage, in diesem Kapitel findet sich eine rege Sammlung von mehr oder min-
der personenbezogenen Texten. Daß dabei lokalen Politikgrößen eine besondere Be-
achtung zuteil wurde, versteht sich von selbst. Aber auch andere Zeitgenossen wur-
den über die Jahre vom Ravensberger Wichtel bedacht. Die Einteilung in „very im-
portant persons" und „not important person" bleibt allerdings dem geneigten Le-
ser überlassen.
Zunächst einmal der Neujahrsgruß eines heimischen Politikers:

Ein Neujahrsgruß
Februar 1996

Die Zeit, in der sich das alte Jahr dem Ende zuneigt und das neue Jahr noch jung
an Tagen ist, ist auch die Zeit der Neujahrsgrüße und -wünsche. In verschiedenster
und buntester Form werden sie geäußert. Beispielsweise durch die kleinen, doofen
Schachteln mit dem Holzmännchen darauf und einem aus Goldpapier gepreßten
Hufeisen-viel-Glück-Schild, die einem an jeder Ecke hinterhergeschmissen werden.
Hat man sich schließlich dazu durchgerungen, die winzige Praline, welche sich im
Inneren versteckt, zu verspeisen und die Schachtel nicht in den Schrank zu packen,
wo sie mit unzähligen anderen auf ihren nächsten Geburtstagseinsatz warten kann,
stellt man schnell fest, daß Schokolade mit den Jahren nicht in ihrem Geschmack
reift, sondern hart wie Stein wird. Diese Erkenntnis schlägt sich dann in mehrstün-
digem Zahnschmerz nieder.

Eine andere Form des Bekundens der besten Neujahrswünsche besteht aus dem
guten, alten „frohes neues Jahr", was einem, quer durch den Supermarkt gebrüllt, in
den Gängen entgegenhallt. Begleitet wird diese Form der ehrlichen Anteilnahme an
den Geschehnissen der Zeit von einem „auf-daß-dieses-endlich-dein-letztes-sei"-
Grinsen. Sofort weiß man wieder, wo man steht, sollte einem der Tinnitus, den man
sich durch den blöden Scherz mit dem Sylvesterkracher zugezogen hat, doch Hoffnung auf ein besseres Jahr gemacht haben.

Die besten und nettesten Neujahrswünsche erreichten mich in diesem Jahr durch
die Presse. Als ich die erste Tageszeitung des neuen Jahres aufschlug, schlug es mir
meine Kaffeetasse aus der Hand und anschließend mir auf die Nerven, als der
brühend heiße Kaffee sich auf meinen Schritt ergoß. Mit vertrauenerweckender
Miene und hundstreuem Blick schaute mir unser Bürgermeister von der ersten Lo-
kalseite entgegen. Selbst der Kanzler sah bei seiner Neujahrsansprache nicht wähler-
stimmengieriger aus.

Bewegende, nachdenklich stimmende Worte fand unser Stadtoberhaupt in seinem
Interview zur Lage der Lindenstadt. Wie geschmolzenes Blei brannten sich seine
Gedanken in mein Hirn. Der Hilferuf nach dem fehlenden Nachwuchs für die Ge-

sangsvereine... Wie der Schrei eines Jungvogels, der nicht gefüttert wird, aber trotzdem singen kann, weil er ein Singjungvogel ist, schallte dieser Appell in meinem Kopf wieder. „Ergriffen" ist ein zu schwaches Wort, um meine wahren Gefühle bei diesem Interview richtig wiederzugeben. Besonders die Stelle, an der unser Bürgermeister der Hoffnung Ausdruck verleiht, auch 1996 in Halle in „Frieden und Freiheit" leben zu können, hat mich besonders betroffen und gleichzeitig glücklich gemacht. Ein Gefühl, das sich bei mir bis dahin nur einstellte, wenn ich ausnahmsweise einmal pünktlich kam.

„Frieden und Freiheit" sind die höchsten Güter, die wir in unserer Gesellschaft haben - Moment, was ist mit Geld? - und anscheinend besonders in Halle bedroht! Aus diesem Grund hoffe ich zusammen mit unserem Bürgermeister auf „Frieden und Freiheit" für unser Haller Volk. Auf daß nicht ein Textilkönig kommen möge, der uns alle versklavt und in riesigen Fabriken Tennis spielen läßt. Und auf daß die Wertheraner auf ihrer Seite des Teutoburger Waldes bleiben und nicht versuchen mögen, uns unsere Linde wegzunehmen.

Unser Lindenkanzler ist der einzige Mensch gewesen, der mir einen solch hehren Neujahrsgruß für das neue Jahr ausgesprochen hat. Und für einen, der sich schon freut, wenn er ein fröhliches „Guten Morgen" hört, nachdem er sich aus dem Bett gequält hat, ist das schon was.

Übrigens zitierte Jürgen Wolff bei diesem Neujahrsgruß noch die ersten Zeilen eines Laibachspatzenliedes: „Halle, Halle duja, ..." Nun, erst heute ist mir die ganze Tragweite bewußt geworden, nachdem Stefan Raab mit seinem „Watte hatte dudeda!" zum Grand Prix angetreten ist.

So, nach diesem freundlichen Einstieg, bekommt der Bundestagsabgeordnete Hubert Deittert einige Zeilen gewidmet, nachdem er im verregneten ostwestfälischen Sommer 1996 auf die „gelben Karten" der IG Metall seinerseits mit einer Postwurfsendung an alle Absender antwortete. Hintergrund für die „gelbe Karte"-Aktion der IG Metall war der Protest gegen das „Programm für mehr Wachstum und Beschäftigung", wie es damals so schön hieß.

Her mit dem Sommer!
August 1996

Jetzt haben wir's! Man hat uns den Sommer gestrichen. Ob das eine geheime Absprache im Sparpaket der Bundesregierung ist? Keine sommerlichen Temperaturen, kein wolkenfreier Himmel, kein strahlender Sommer mehr. Die Reduzierung der Netto-Sonnenstunden. Das bringt Milliarden Einsparungen für die Arbeitgeber, denn - so munkelt man unter der Hand in Bonn - bei schlechtem Wetter machen die Arbeitnehmer weniger „blau", also wird es im Jahresdurchschnitt weniger Fehlstunden geben.

Auch im Winter soll nach Gerüchten aus höchster Ebene gespart werden. Eine

Senkung der durchschnittlichen Schneehöhen um 2 Prozent ist geplant und wird nach Ansicht von führenden Arbeitsmarktexperten einige tausend neue Arbeitsplätze schaffen. Besonders die Bauindustrie wird davon profitieren, weil dann ganzjährig gebaut werden kann. Auch wird der Kunstschnee durch diese Maßnahme aufgewertet und der Kunstschneemarkt erfährt eine positive Beeinflussung.

Ja, unsere Politiker tun wirklich etwas. Da wird nicht zurückgesteckt und selbst mit göttlichen Verhandlungspartnern - wie dem Wetterbeauftragten des Vereinten Himmelreiches mit Namen Petrus - wird gefeilscht, was das Zeug hält. Es ist also wirklich mehr als unverschämt, unsere gewählten Volksvertreter auch noch zu kritisieren. Aber die IG Metall (typisch!) konnte es natürlich nicht lassen, sondern mußte dem heimischen Bundestagsabgeordneten Hubert Deittert die „gelbe Karte" zeigen.

Klar, daß Herr Deittert solches nicht einfach auf sich sitzen lassen wollte. Drei Seiten umfaßte sein Erklärungsschreiben an diejenigen, die ihm die gelbe Karte zusandten. Darin wiederholte er im wesentlichen das, was schon tausendmal wiederholt wurde. Drei Seiten zum „Programm für mehr Wachstum und Beschäftigung", drei Seiten (hoffentlich) chlorfrei gebleichten Papiers mit politischen Allgemeinsätzen, drei Seiten also, so inhaltslos wie dieser „Wichtel".

Wenn man sich überlegt, was so eine Briefaktion heutzutage allein an Porto kostet - was hätte man da sparen können! Wenigstens hat Herr Deittert seine politische Postwurfsendung aus eigener Tasche und nicht aus Steuermitteln bezahlt, nicht wahr? Wachstum allerdings hat diese Aktion wohl einzig und allein dem Müllberg gebracht, mehr Beschäftigung höchstens der Sekretärin des Herrn Deittert. Verzeihung, und der Post natürlich. Verändert allerdings hat sie nichts. Darum muß ich Herrn Deittert jetzt die orange Karte zeigen! Herr Deittert, geben sie uns den Sommer zurück! Herr Deittert, wir wollen endlich die 30 Grad!

Glücklicherweise haben Wichtel keine Briefkästen. Sonst würde ich demnächst womöglich eine seitenlange Erklärung erhalten, warum es politisch notwendig ist, daß wir in diesem Jahr auf den Sommer verzichten.

Bei der vergangenen Bundestagswahl machte der Kandidat der SPD Klaus Brandner von sich Reden, nachdem er ein Feuerwehrauto zu Wahlkampfzwecken erstanden hatte:

Der kleine Drache Grisu-Klaus

Juli 1998

Daß in einem Wahlkampfjahr seltsame Blüten ausgetrieben werden, ist nicht nur normal, sondern von den Wählern auch gewollt. Immerhin machen solche Blüten die politische Landschaft ein wenig bunter. Und oftmals sind es gerade die vermessenen Dinge, die auch dem unbeteiligsten Wähler noch ein Schmunzeln entlocken.

Es ist noch gar nicht lange her, da habe ich mich an dieser Stelle am Kandidaten der CDU im Kreis Gütersloh abgewichtelt. Jetzt ist die Gegenseite dran, mit „Tatütata und Tralala": Klaus Brandner von der SPD hat sich ein altes Feuerwehrauto für seinen Wahlkampffeldzug zugelegt.

„Aha", werden Sie da denken. Er scheint seinem Namen alle Ehre machen zu wollen, anders läßt sich diese Vorsichtsmaßnahme wohl nicht erklären. Ein Feuerwehrwagen als Wahlkampffahrzeug. Originell? Sicherlich. Und rot ist er - der Feuerwehrwagen - ja auch.

Ein paar Dinge möchte ich aber zu gern wissen: Was das wohl gekostet hat? Hat Herr Brandner das Auto selbst gekauft? Und: Darf man mit einem solchen Namen überhaupt ein Feuerwehrauto fahren? Oder: Ist Klaus Brandner insgeheim Grisu, der kleine Drache, und wollte immer schon Feuerwehrmann werden? Dann allerdings muß man sich fragen: Dürfen kleine grüne Schuppentiere Bundestagsabgeordnete werden?

Aber Spaß beiseite: Hier hat sich doch jemand einen Jugendtraum erfüllt und will damit auch noch gewählt werden. Wer will einem Mann vertrauen, der sein (?!) Geld für Träumereien und unnützen Firlefanz ausgibt? Stellen sie sich vor: Klaus Brandner an der Macht. Überall fahren nur noch rote Autos durch die Gegend. Feueraxt und Atemschutz gehören zur täglichen Garderobe. Also, ich brauche das nicht. Aber ich bin ja auch nur ein kleiner, ältlicher Wichtel.

Kleine Notiz am Rande: Fast schon sympathisch wirkt da der Wahlkampf der FDP unter dem Motto „Kampf den Maden". Da sie eigentlich nicht wie die Maden im (Stimmen-)Speck leben, haben sich die Liberalen aber nicht selbst den Kampf angesagt, sondern den Maden in der Grünen Tonne mit einem besonderen Biofilter. Ob das im Kleinen schon das ist, was später einmal die Steuerreform werden soll, ist noch nicht ganz raus. Trotzdem soll dieser Biofilter was bringen.

Hab ich noch was vergessen? Ach ja: Wenn's brennen sollte, wählen Sie weiterhin lieber die „112".

Und um das Parteienreigen komplett zu machen, gab es auch bei den Grünen sogenannte schwarze Schafe:

Die grüne Plage mit der Klage
Oktober 1998

Ja das Geld, das liebe Geld. Wer kennt es nicht selbst, wer weiß es nicht aus eigener Erfahrung: Wenn es um Kohle, Zaster, Kies, Mäuse oder Knete geht, erwacht in jedem Menschen der Jagdinstinkt. Dann werden uralte animalische Gefühle angesprochen; dann kennt man weder Freund noch Feind.

Ja, und am allerwenigsten kennt man Ideale. Denn es geht nur ums Zocken und Raffen. Das mußten auch die Bündnis-Grünen im Kreis Gütersloh jetzt einsehen, denn da sind sich alle Menschen gleich, ob rot, schwarz, gelb oder grün.

Nicht nur, daß die Kreisgrünen eh' schon im Schlamassel stecken, nachdem sich ihre Kassiererin mit fast sämtlicher „Pinkepinke" aus dem Staub gemacht hat (es wird übrigens kaum bis zur Nordsee gereicht haben, soviel war es dann auch nicht).

Nein, da kommt doch tatsächlich noch so ein Bursche daher, übrigens noch ganz grün hinter den Ohren, und verklagt seine eigenen Kampfgenossen.

Man könnte sagen, warum auch nicht? Zumal sich so ein richtig schöner Zungenbrecher kreieren läßt: Die Klage ist Patrick Plagas Plage.

Na ja, aber am Ende muß man erkennen, daß es auch diesem jungen Mann nur um die Kohle geht. Er beansprucht für sich selbst, die einzig wahre Jugendorganisation der Grünen im Kreis Gütersloh zu sein, um so an ein paar Mark zu kommen, die von der wahren Jugendorganisation nach ihrer Auflösung übriggeblieben sind.

Der Kläger allerdings, so hört man zumindest von ehemaligen Mitgliedern der Grün-Alternativen Jugend (GAJ), sei früher eigentlich eher selten in Erscheinung getreten und politisch wohl schon gar nicht. Jetzt allerdings hält der grüne Sproß seine Zeit für gekommen und klagt sich ins politische Geschehen ein.

Bleibt zu hoffen, daß die Richter schnell einsehen, welche Methode hinter dieser Aktion steckt und die passenden Worte aus der Robe ziehen.

Vielleicht könnte man sich auch auf einige Stunden gemeinnütziger Arbeit im Umweltbereich vergleichen. Schließlich würde das der Bestimmung einer Grün-Alternativen Jugendorganisation am nächsten kommen. Oder etwa nicht?

Verlassen wir jetzt die Politik und wenden uns den „normalen" Menschen zu. Menschen wie Du und ich, Menschen, die wissen warum sie sind, wie sie sein sollen oder einfach ...

Spritsparen macht echt Spaß
Januar 1998

Im Leben ist es genauso wie in einem bekannten Möbelhaus: Man irrt so durch die Gänge, sieht keinen Ausgang, aber entdeckt an jeder Ecke eine neue Kleinigkeit. Nur daß am Ende nicht ein toller skandinavischer „Hot Dog" auf einen wartet.

Naja, was ich eigentlich sagen wollte, man trifft, begegnet oder hört immer wieder von Leuten, über die man sich, aus welchem Grunde auch immer, wundert. Beispielsweise Engelbert Rudolf, den Stern am ostwestfälischen „Schlagerhimmel", der auf jedem heimischen Fest zu Hause ist. Tatsächlich vermeine ich Ähnlichkeiten zu einem längst verblichenen gallischen Barden wahrgenommen zu haben, der in einem von den Römern unbezwungenen Dorf lebte.

Mein Favorit des noch jungen Jahres ist allerdings Thomas Klopfer, der übrigens Lehrer ist, was aber nicht unbedingt etwas mit dem Thema zu tun hat. Der soll nämlich gesagt haben: „Sprit sparen, das ist eine Lebenseinstellung". Gut, immerhin hat er vor zwei Jahren die deutsche Spritsparmeisterschaft gewonnen. Und andere große Männer hatten schließlich auch seltsame Einstellungen zum Leben.

Jetzt hat er ein neues Auto bekommen, mit dem er noch mehr Sprit sparen kann. Schon mit seinem alten „Sparmobil" hat er auf einer Langstreckenfahrt zum Bodensee einen Durchschnittsverbrauch von nur 3,28 Litern (pro 100 Kilometer, versteht sich) erreicht. Respekt! Was an Sprit gespart worden wäre, hätte die Fahrt nie stattgefunden, bleibt dem fleißigen Leser zur Berechnung überlassen.

„Vorausschauend fahren" ist für Thomas Klopfer der wichtigste Leitsatz. Wer schon einmal vorausschauend gefahren ist, weiß, daß dies eine nicht unerhebliche Geschwindigkeitsreduzierung zur Folge hat. Diese wiederum kann beim nachfolgenden Verkehr (zumal auf der B68) bis zur Stauung führen. Tja, und da wird dann der Sprit so richtig verballert.

Ich halte es darum lieber mit einer alten deutschen Volksweise, die sicherlich auch nach Engelbert Rudolfs Geschmack ist: „Ich will Spaß, ich geb' Gas".

Die im nachfolgenden bewichtelte Person ist am ehesten den Lindenstädtern unter den Lesern bekannt. Allerdings, so vermute ich, läßt sich durch das Austauschen der Namen ein Übertrag auf jegliche deutsche Gemeinde mit einem Parkplatzproblem erreichen. Und ich denke, viele werden meiner Einschätzung folgen, daß es diesem Lande wesentlich besser gehen würde, wenn alle so gewissenhaft arbeiten würden wie die Politessen.

Das Mysterium des Erscheinens
April 1999

Kennen Sie das Gefühl? Die Welt steht kurz davor, dem totalen Wahnsinn anheimzufallen, und Sie sind der seidene Faden der Vernunft, an dem alles hängt. Dieses Gefühl endet in einer Situation höchsten intellektuellen Drucks. Wenn Sie solche Gedanken kennen, ist Ihnen sicherlich klar, welcher Anspannung ein Wichtel wie ich tagtäglich ausgesetzt ist.

Aber ich möchte nicht klagen, jeder hat schließlich sein eigenes Kreuz zu tragen, wie ich scherzhaft in dieser nach-österlichen Zeit zu sagen pflege: Der eine halt mehr, der andere weniger, und wir Wichtel natürlich am allermeisten. Von der Last auf den Schultern von Renate Ganz erfuhren wir dieser Tage. Wer sich nun fragt, wer und warum Frau Ganz: Sie ist Halles Politesse. Und diese arme Frau wird bei der Ausübung ihrer städtischen Pflicht, der Knöllchenverteilung im Stadtgebiet, von uneinsichtigen Parksündern wüst beschimpft. Erst kürzlich stellte ein Mann fest: „Sie sind ja nicht ganz dicht!"

Dieser Ausspruch soll ihn - zu recht, wie ich finde, auch wenn eine solche Äußerung nur eine höfliche Umschreibung dessen ist, was man sich als Wichtel tagtäglich dutzendfach in der Redaktion des Teuto Express ungestraft anhören muß - teuer zu stehen kommen. Aber wie gesagt, ich will nicht klagen, denn wie wir feststellen, hat eben auch Frau Ganz eine Menge einzustecken.

Eines der hartnäckigsten Gerüchte der Lindenstadt, daß Frau Ganz nämlich auf Provisionsbasis arbeite, entkräftete die Hallerin nun offiziell. Für sie gibt es nur Angestelltentarif; wahrscheinlich eine sehr weise Entscheidung der Stadtväter und -mütter. Allerdings wurde auch klar: Eine Haller Politesse freut sich auf die Gerry-Weber-Open wie kanadische Bären auf den Laichzug der Lachse. Denn: Wenn in Halle die Tennisprofis aufschlagen, wird jede freie Parklücke zur Knöllchengefahr.

Und jedem Autofahrer wird bewußt, daß es in Halle eigentlich überhaupt keine Möglichkeit gibt, seinen Wagen nicht falsch zu parken.

Ungelöst freilich bleibt das Mysterium des Erscheinens: Wie kann es Renate Ganz eigentlich schaffen, in der Zeit, die es braucht einen Kontoauszug zu drucken, aufzutauchen, den Falschparker zu entdecken, einen Strafzettel zu verteilen und zu verschwinden?

Zum Abschluß dieser kleinen Reihe noch ein Text, der sich mit einem Vorfall aus der heimischen Fleischmetropole Versmold beschäftigt und sich besonders, wie ich finde, durch seine kuriosen Begleitumstände auszeichnet, wie auch der Titel sogleich belegt:

Leberwurst in der Handtasche
Juni 1999

Manchmal schlägt man die morgendliche Zeitung auf und kommt aus dem Staunen nicht mehr heraus. Obwohl, wenn ich es mir recht überlege, ist das nicht nur manchmal, sondern eigentlich immer der Fall.

Dabei sind es nicht unbedingt die Sensationen, die mich mein weises Haupt vor Verwunderung schütteln lassen, sondern vielmehr der allgegenwärtige Unverstand und die ach so menschliche Gier, die mich als Wichtel immer besonders tief treffen. Wie schön ist es da, wenn man auf den lokalen Seiten der heimatlichen Presse lesen kann, daß in der eigenen Heimat die Welt noch in Ordnung ist.

Gerade Versmold scheint von einem Schwarm in Tugend und Moral firmer Menschen heimgesucht worden zu sein. Schon die ganz jungen streben diesem Ideal nach und das finde ich „einfach toll". Wie im Fall der beiden jungen Mädchen, die beim Spielen auf dem Bahndamm - nun gut, da drücken wir mal ein Auge zu - eine Handtasche fanden, die nur kurze Zeit zuvor einer älteren Dame geklaut worden war. Tatsächlich befanden sich in der Handtasche ein Sparbuch, Bankkarten, nahezu 3.000 Mark in bar und - na klar, wir befinden uns ja in Versmold - eine Leberwurst.

„Mann" fragt sich an dieser Stelle vielleicht: Warum haben Frauen eigentlich Leberwürste in ihren Handtaschen? Hier nun ein Hinweis an diese männliche Leserschaft: Leberwürste sind entgegen vielleicht landläufiger Meinung kein typischer Inhalt einer Damenhandtasche; typisch hingegen sind andere Dinge kosmetischer Natur.

Wie dem auch sei: Die beiden ehrlichen Mädchen brachten ihren Fund zur Mama und diese die Handtasche schließlich zur Polizei. Bisher konnte allerdings nicht geklärt werden, warum der Handtaschendieb nur 60 Mark mitnahm, dafür aber die 3.000 Mark und die Wurst unangetastet ließ. Selbst für Versmolder Taschendiebe ein kriminelles Verhalten ungewöhnlicher Art.

Übrigens, die Mädchen bekamen natürlich einen Finderlohn: Jeweils zehn Mark. Ja, die beiden werden sicherlich noch lange an diesen Tag zurückdenken. Zumindest

immer dann, wenn gerade mal wieder 3.000 Mark zum kleinen Glück fehlen.
Und das ist verdammt oft der Fall.

Wie sich kurze Zeit später herausstellte, waren die Handtaschendiebe selbst noch Kinder. So nah können gut und böse beieinander liegen!

Natürlich wichtelte ich über viel mehr Personen, als hier in diesem Kapitel aufgeführt sind. Aber keine Sorge, eine Reihe von Namen fallen noch an anderer Stelle in diesem Buch ...

Piumer Politik

Der Borgholzhausener Lokalpolitik gehört ein eigenes Kapitel. Wen wundert's? Denn was während der aktiven Jahre des Wichtels von den lokalpolitischen Größen der Lebkuchenstadt geleistet wurde, konnte auch von mir nicht mehr satirisch auf- gearbeitet werden, denn nichts ist so lustig wie das wahre Leben. Man erinnere sich nur an die Plakataffäre, an 007 Haufler und nicht zuletzt an Herrn Fißmeier, in dem ich schon fast den Intendanten des politischen Bauerntheaters der Lebkuchenbühne vermute.

Die folgende Reihe von Texten soll zeigen, daß ich stets geneigt war, die Vorgänge im und um das Piumer Rathaus zu verfolgen und zu kommentieren. Manchmal ist es mir geglückt, doch oft auch nicht, entscheiden Sie selbst:

Noch zur Notiz: Der erste Beitrag über die Piumer Plakataffäre ist zugleich der äl- teste von mir dokumentierte „Ravensberger Wichtel". Es handelt sich also praktisch um die Geburtsstunde des kleinen Waldgeistes:

Im Krieg ?

März 1995

Wir schreiben das Jahr des Herrn 1994. Es ist eines der gefürchteten Superwahl- jahre. Heftigste Wahlkämpfe suchen das Land schon seit Beginn des Jahres heim. Sie lehren den Menschen das Staunen und Zittern. Die Wahlkriegsheere - es sind die Schwarzen, die um ihre Macht bangen, die Roten, die sie wollen, die Gelben, die gar nichts wollen und die Grünen, die vorhaben, den Benzinpreis auf fünf Mark zu schrauben - ringen erbittert miteinander. (Übrigens, es gibt da noch Leute, die rote Socken tragen. Aber die anderen wollen sie nicht so recht dabeihaben, bei ihren Wahlen.)

Auch ein kleines Dorf in den zerklüfteten Regionen des Teutoburger Waldes, ih- re Bewohner sind bekannt für ihre Backkunst, wird Schauplatz unglaublicher Wahl- kampfszenen. Mit härtester Brutalität gehen hier die Gegner aufeinander los. Straßenkampf heißt das Motto.

Dunkle, bisher noch nicht eindeutig identifizierte Gestalten zogen durch die Straßen des kleinen Städtchens. Voll niederschmetternder Niedertracht rissen sie stadtverschönernde Wahlplakate ab (besonders von den Roten und den Schwarzen). Noch konnte man glauben, daß es sich um eine Tat fürs Volk handele, um die Bür- ger vor größeren mentalen Schäden zu bewahren, besaßen die Plakate doch meist nur eine zweifelhafte Aussagekraft. Doch falsch! An die Stelle der alten Plakate ka- men neue, und zwar die der Gelben. Die noch grausamer waren als die ihrer Vor- gänger (Beispielsweise das imposante Wortspiel: „Gegen Steuern gegensteuern"). Als man die fürchterliche Tat feststellte, schienen die Täter sofort erkannt zu sein, sie mußten wohl oder übel aus den Reihen der Gelben stammen, immerhin hatten sie eine eindeutige Spur hinterlassen: Ihre Plakate. Aber es soll auch Zeugen geben, die

die Täter erkannten, allerdings wollen sie sich, wahrscheinlich aus Angst vor plakativen Vergeltungen, bis jetzt der Öffentlichkeit noch nicht zu erkennen geben. Die Führerin der Roten schrie, daß es die Führerin der Gelben war. Die Führerin der Gelben schrie, daß dies Verleumdung sei und ging vors Gericht. Auch die Roten gingen vors Gericht, um wieder schreien zu dürfen, daß es die Führerin der Gelben war. Heute nun, da der Wahlkampf zu Ende ist, weiß man immer noch nicht, wer für die frevelhafte Tat verantwortlich ist.

Vielleicht waren es auch die Roten selbst, um die Gelben auszustechen. Und, was ist mit den Schwarzen, was schreien sie? Wo sind überhaupt die Grünen? Und wann werden Wahlplakate mal etwas kreativer? Überhaupt, wie kommt die Milch ins Glas?

Andererseits scheinen Gerüchte darauf hinzuweisen, daß die Täter rote Socken über den Gesichtern trugen. Warum eigentlich nicht, schließlich sind die sowieso die schlimmsten.

Klar, daß das nur der Auftakt für eine turbulente Zukunft sein konnte. Als nächstes bestimmte, neben allerlei normalen Problemchen, wie beispielsweise der Haushaltplanung, die Wahlzettelaffäre die Piumer Politik. Tatsächlich gab es bei der Kommunalwahl am 16. Oktober 1994 einen als ungültig befundenen Wahlzettel, der von den Borgholzhausener Unabhängigen (BU) zu ihren Gunsten eingeklagt wurde. So konnte nach über einem Jahr, erst 1996 , ein zusätzlicher Vertreter in den Stadtrat geschickt werden. Bei dem ominösen Wahlzettel hatte ein Wähler zunächst sein Kreuz bei der Piumer Bürger-Partei (PBP) gemacht, sich schließlich aber für die BU entschieden und das alte Wahlkreuz einfach durchgestrichen.

Frühlingsputz
April 1996

Die Sonne sonnt, die Frühblüher blühen und überhaupt: Es deutet alles auf den Frühling hin. Vor den Autowaschanlagen bilden sich an den Gutwetter-Wochenenden die ersten langen Warteschlangen; in den meisten Vorgärten werden wieder Hacken und Scheren geschwungen. Ja, der Frühling kommt, oder besser, er ist schon da.

Dieser Drang, alles in geordneten Bahnen laufen zu lassen: Die Unordnung des Winters wird abgeschüttelt, der Frühjahrsputz steht an. Auch die Politiker putzen und polieren, beispielsweise die Haushalte. Und natürlich das Image, aber das pflegen sie gewöhnlich das ganze Jahr über. Meistens jedoch ist Dreck am Stecken sehr hartnäckig, und ist die weiße Weste erst einmal so richtig verschmutzt, dann hilft auch kein Sunil, Ariel oder Persil (wieso enden eigentlich alle diese Waschmittel mit einem L?). Trotzdem schaffen es einige der hohen Herren immer wieder, sich saubere Wäsche zu besorgen. Das ist Politik.

Auch in Pium wird gereinigt. Es geht um den Haushalt, wie in jeder anderen Stadt landauf, landab müssen die Haushaltsposten durchforstet, muß der überflüssige

Müll beseitigt werden. Vorbei die Zeiten, in denen man genug hatte, um alles und jeden zu finanzieren. Doch gerade in Pium scheint man sich an diesen Gedanken noch nicht recht gewöhnen zu können. Da wird debattiert und diskutiert, geredet und geredet, ausgehandelt und verworfen, diskutiert und debattiert und geredet und geredet. Und dann - dann wird er doch abgelehnt, der Haushalt.

Liegt es an der Gesamtschule? Jetzt wo sie endlich da ist. Nach jahrelangem Debattieren und Diskutieren und na, Sie wissen schon, läuft die Gesamtschule schon seit einem Jahr dreizügig. Man sollte meinen, das genügt fürs erste. Weit gefehlt, gleich noch mindestens eine Klasse mehr will man sich pro Jahrgang leisten. Man muß sich fragen, wo kommen eigentlich die ganzen Schüler her? Früher reichten doch die vorhandenen Schulen auch aus, um den Wissensdurst aller schulpflichtigen Kinder zu löschen. Ist die Bevölkerungsentwicklung in den vergangenen Jahren denn wirklich so dramatisch angestiegen, daß wir zu wenig Schulplätze haben? Na ja, zu wenig Arbeitsplätze haben wir schon. Warten wir also auf die erste Schullosen-Statistik. In Pium ist ja alles möglich.

Dabei hat man doch gerade erst die Urne wieder verschlossen. Die Urne, die den berühmt-berüchtigten ominösen Wahlzettel enthielt. Es ist wohl der bekannteste Zettel seiner Art in der Geschichte der Lebkuchenstadt und sollte darum auch eingerahmt im Rathaus aufgehängt werden. Denn schließlich konnte nun endlich nach über einem Jahr langer Debatten und Diskussionen und na, Sie wissen schon, die BU mit einem weiteren Vertreter per Gerichtsbeschluß in den Stadtrat einziehen.

Hier sei noch einmal angemerkt, daß auch der Wähler eine Pflicht erfüllen sollte. Wenn er sonntags schon nichts besseres zu tun hat, als zur Wahl zu gehen, dann kann man wohl wenigstens erwarten, daß er ein vernünftiges Kreuz zustande bringt. Bei Erstwählern kann noch ein Auge zugedrückt werden, es ist schließlich das erste Mal, und da zittert einem schon mal vor Aufregung die Hand. Alte Wahlhasen hingegen sollten ihr Kreuz aus dem effeff beherrschen, damit es solche unschönen Wahlszenen in Zukunft nicht mehr gibt.

Zum Schluß bleibt eigentlich nur noch zu fragen: Wer hat eigentlich seinerzeit die Plakate abgerissen und sie durch die der eigenen Partei ersetzt?

Wozu ein Stadtratsmitglied der BU so alles bereit und gut ist, zeigte schließlich Armin Haufler, der den eingefleischten Theaterbesuchern der Lebkuchenbühne bereits bestens bekannt war:

Aufgepaßt und zugehört

Februar 1998

Borgholzhausen, meine lieben Freunde aus der Oberwelt, ist ihnen vielleicht noch aus der Zeit der Weihnachtsmärkte im Gedächtnis geblieben. Einige von Ihnen wissen unter Umständen sogar, daß Borgholzhausen, oder Pium wie man hier so „sacht", als Lebkuchenstadt sich einen Namen gemacht hat.

Das wirkliche Gesicht von Borgholzhausen bleibt dem oberflächlichen Betrachter aber verborgen. Das Pium der Politik ist nämlich alles andere als Durchschnitt, hier sind Skandale und Affären zu Hause. So gab es in der jüngeren Vergangenheit genug Episoden. Gesamtschuldiskussion und das „A-33-Für und Wider" sorgen und sorgten für allerlei Kurzweil, die FDP-Plakataffäre sorgte für ein komödiantisches Trauerspiel und Herr Fißmeier, stets für einen Auftritt zu haben, hat immer die Lacher auf seiner Seite, ist aber leider in den vergangenen Monaten ruhiger geworden.

Zeit also, einen neuen Skandal aufzudecken. Und hier hat sich in der Tat ein guter, alter Bekannter aufgeopfert: Armin Haufler. Vielen mag er noch aus der Gesamtschuldiskussion aufgrund seiner fachmännischen Äußerungen und einer wahren Flut von Leserbriefen bekannt sein. Diesem Ratsmitglied der BU-Fraktion und seinem unglaublichen Einsatz ist es zu verdanken, daß Bernd Huesmann sein Ratsmandat niederlegen mußte.

Durch die wochenlange minutiöse Überwachung durch „Hauflerman" konnte das Unglaubliche nachgewiesen werden: Huesmann wohnte gar nicht mehr in Pium, sondern in Halle. Unfaßbar. Danke, Armin Haufler (alias James Bond im Auftrage für die Gerechtigkeit)!

An dieser Stelle möchte ich alle Borgholzhausener auffordern, ihren „Hauflerman" bei seinem Kampf zu unterstützen! Also stellen sie doch mal eine Thermoskanne Kaffe auf die Terrasse oder lassen sie die Jalousien oben und den Fernseher laufen, damit unser Lieblingsratsherr bei seinen nächtlichen Observationen wenigstens die Live-Schaltung zu den Olympischen Spielen nach Nagano mitbekommt. Ein Pfundskerl, der Armin. Wir brauchen hier in Deutschland einfach wieder mehr Leute, die den Mut haben, zu denunzieren.

In diesem Sinne für Recht und Ordnung!

Wahlkampf ist für die Lebkuchenstädter immer ein Begriff, der von vielen zu wört-
lich genommen wird. Auch bei der vergangenen Bundestagswahl konnte der außen-
stehende Besucher dieses wieder erfahren:

Wachen für den Pappkanzler

Oktober 1998

Politik, das wissen wir, ist für Piumer immer ein schwieriges Terrain. Wahlen, auch das ist bekannt, sind in Borgholzhausen immer ein Unterfangen besonderer Art. Und Wahlplakate haben es den Lebkuchenbäckern wohl besonders angetan.

Nun ist die Wahlplakataffäre von vor vier Jahren schwer zu „toppen", aber was ein richtiger Piumer ist, dem fällt immer etwas ein. Was ist passiert? Das, was überall in Deutschland auch passierte: Die Parteien kleisterten die ganze Gegend mit ihren Plakaten zu, unter anderem auch mit einem, welches den ehemaligen Kanzler, meines Erachtens nach übrigens in Lebensgröße, zeigte.

Nun gibt es immer Leute, die jedem Gesicht, man kennt es aus Zeitschriften, eine Sonnenbrille malen müssen. So auch hier geschehen. Na ja, und da Parteien offenbar grundsätzlich zu viel von dem haben, was anderen Leuten fehlt, nämlich Geld, wurde das „verschönerte" Plakat sofort ersetzt; „zack" Sonnenbrille; Plakat ersetzt; „zack" Sonnenbrille, ...

Tja, pure Blasphemie an des Kanzlers Konterfei. Das kann nur den Zorn des aufrechten Borgholzhauseners heraufbeschwören. Schnell fanden sich einige tatkräftige Mannen zusammen, die von nun an das heilige Plakat von Pium bewachten. In der Nacht, in der Früh', zu jeder Stunde, zu jeder Minute. Und trotzdem, wieder schlugen die Staatsfeinde zu, wieder eine Sonnenbrille. „Im Namen des Kanzler, des ehemaligen, stoppt diesen Wahn", hätte man Pium zurufen mögen.

Erwachsene Männer, die ein Wahlplakat bewachen? Was ist das für ein Ort, mag man sich fragen. Die Antwort: Es ist derselbe Ort, in dem auch Kindergärten immer wieder Ziel von Randalierern wurden, ohne daß sich jemand auf die Lauer legte, um diese zu schnappen.

Mit anderen Worten: Könnte sein, daß Pium der einzige Ort ist, an dem Plakate einen besseren Schutz bekommen als Kindergärten.

Schließlich noch einmal die letzte Kommunalwahl, bei der zwei Urgesteine der politischen Szene Bogholzhausens gegeneinander um den Bürgermeisterposten kandidierten:

„Wahle totale kommunale"

März 1999

Die Kommunalwahl 1999 steht an und damit die Umsetzung der Verwaltungsreform. Vorbei die Zeit der Doppelspitze, ab 12. September gibt es in jeder Stadt nur noch einen „Cheffe".

Landauf, landab rüsten sich die Kommunalpolitiker für die Phase des heißen Wahlkampfes. Für uns Grund genug, einen Blick in die Metropole des politischen Wahnsinns am Teutoburger Wald zu werfen. Richtig: Borgholzhausen! Ich muß gestehen, in jungen Jahren dachte ich, die Lebkuchenstadt sei die Hauptstadt des Schlaraffenlandes. Heute aber weiß ein alter Wichtel wie ich: „Lebkuchenstadt" ist das städtische Pendant zur „Bananenrepublik".

Interessant ist es allemal, die politische Kultur der Ratsritter unter der Ravensburg zu verfolgen, wie es die Vergangenheit nur allzu oft zeigte. Dabei beschränkt sich der politische Ausnahmezustand nicht nur auf die Stadtväter, sondern greift auch zunehmend auf die Bevölkerung über. Es sei nur an die Mahnwache vor dem Kohlplakat im vergangenen Jahr erinnert.

Das komödiantische Talent der Piumer wird auch in diesem Jahr wieder seine Blüten treiben, dessen bin ich mir sicher. Gerade auch deshalb, weil der Bürger direkt wählt. Daß mir da aber keiner den Helmut Kohl ankreuzt!

Ein Blick auf die Kandidaten, Arnold Weßling und Klemens Keller, zeigt: Da ist Musik drin. Schon jetzt beginnt das Vorgeplänkel und man darf gespannt sein, welche Intrigen die beiden spinnen, um den Gegner auszustechen. Es geht immerhin um einen gut dotierten Job, so um die 10.000 Mark verdient man als „Cheffe von die Stadt". Dafür wird man aber auch mehr tun müssen, als Kleintierzüchterausstellungen zu eröffnen, schließlich will auch eine Verwaltung geführt werden. Oder besser: Sie muß geführt werden.

Wie auch immer: Die Borgholzhausener Bürger werden sich schon ihren Meister wählen. Eines steht auf jeden Fall fest, egal wer es wird: An Attraktivität reicht wohl keiner an die ehemals regierende Bürgermeisterin heran. Und auch das ist wichtig, denn immerhin wird die Stadt von ihrem „Cheffe" repräsentiert.

Nun, auch hier hat die Gegenwart die Vergangenheit bereits mehr als eingeholt!

Verkehrte Region

Kaum ein anderer Problemkomplex hat mich als Ravensberger Wichtel so fasziniert wie die Verkehrspolitik unserer heimischen Region. Dabei war der Dauerbrenner A 33 bei mir zu Tabuzone erklärt worden, schließlich wollte ich es mir weder mit meinen letzten Lesern noch mit meiner Redaktion verscherzen. Trotzdem gab es für mich mehr als genug Zündstoff, zu allem was den Verkehr betraf, ob Krötensperrung, Haller Willem, Tempo 30 oder auch einfach nur die Ampelschaltung. Alles, was die mobile Gesellschaft nur ein Stück weit betraf, kam zur Sprache. Hier nun ein kleiner Abriß, oder besser eine kleine Reise, in die „verkehrte" Region.
Starten wir mit einer kurzen Gesamtdarstellung der Verkehrslage am Südhang des Teutoburger Waldes aus dem Jahre 1996. Meines Wissens hat sich seither nicht viel verbessert: Auch ein Zeichen dafür, wie wenig Gewicht die Worte eines Wichtels haben.

Vorsicht (m)ein Verkehrsproblem!!
Mai 1996

Um es für alle Talkshowfans von Ilona, Bärbel, Vera, Hans und Fliege gleich vorweg zu sagen - für alle also, die sich jetzt in der Werbepause schnell noch etwas Geschriebenes reinpfeifen wollen und kein einziges gutes Buch zu Hause haben: Mein Verkehrsproblem hat nichts mit meiner sexuellen Ausrichtung, irgendeiner obszönen Eigenschaft meinerseits oder mit der Tatsache zu tun, daß ich mich nun hier und jetzt und nur Ihnen „outen" möchte.

Nein, nein, es geht um den ganz normalen Verkehr - so mit Autos und Fahrrädern. Auch wenn mich diese Offenheit wahrscheinlich noch den letzten Leser gekostet hat. Ich möchte ehrlich zu Ihnen sein.

Sehen Sie, ich wohne nun schon mein gesamtes Leben am Südhang des Teutoburger Waldes: Meine Kindheit verbrachte ich an seinen grünen Wiesen und Feldern, meine Jugend verbrachte ich im Freibad und seit ich durch eine intellektuelle und motorische Meisterleistung meinerseits einen eigenen Führerschein erwerben konnte, verbringe ich einen beträchtlichen Teil meines Daseins auf Straßen, die in seinem Schatten verlaufen.

In den vergangenen drei oder vier Jahren hat sich auf diesen Straßen einiges verändert. Gerade im Frühjahr erscheinen überall Straßensperren zum Schutz der Amphibien. Und das Schlimme ist, es werden jedes Jahr mehr. Immer mehr Straßen werden einfach zugemacht. Und warum? Nur weil ein paar in der Evolution zurückgebliebene Lurche nicht das ganze Jahr in ihrem Teich hocken können. Dabei sollte es doch heutzutage möglich sein, diesen lüsternen Glitschkugeln ein paar Gene einzupflanzen, die wenigstens die grundlegenden Verkehrsregeln beinhalten.

Die gut befahrbaren Nebenstrecken sind also dieser Tage wieder gesperrt. Wenn wenigstens die Hauptstrecken frei wären. Nein, da schießen Geschwindigkeitsbegrenzungen wie Pilze aus der Erde. Man nehme nur die B68. Früher gab es noch freie Fahrt, auch außerhalb der Ortschaften. Heute muß man teilweise mit 50 Stundenkilometern über die Strecke kriechen.

Wenn man genau darüber nachdenkt, fällt einem auf, daß das System hat. So wurden fast zeitgleich mit den unverständlichen Geschwindigkeitsbegrenzungen die neuen Lasermeßgeräte bei den heimischen Schutzmännern eingeführt. Sollen auf solchem Wege die Löcher in den Kassen der Kommunen gestopft werden? Klar ist, daß sich niemand an diese unverschämten Einschränkungen seiner individuellen Mobilität hält und zack, gibt es einen Bußgeldbescheid, der sich gewaschen hat. Also, ich muß ganz ehrlich sein, eine Geschwindigkeitssteuer hätte den gleichen Effekt gehabt und wäre sozial viel gerechter gewesen - das Sparen der unnützen Schilder ein weiterer positiver Gesichtspunkt. Aber: Auch wenn der Wald stirbt, der Schilderwald stirbt nie.

Gerade Halle und seine Umgebung bieten dem Autofahrer immer wieder Anlaß, sich die Haare zu raufen. Nicht nur, daß sich zur Feierabendzeit auf der B68 nichts mehr rührt - was allerdings nicht an der Verkehrsüberlastung liegt, sondern allein der Tatsache zuzuschreiben ist, daß alle Ampeln - und davon gibt es nur wirklich mehr als nötig in Halle - lustig ihre Farben wechseln. Keine Grüne Welle, keine Hintereinanderschaltung. Hier mal rot in Fahrtrichtung, dort mal grün für Rechtsabbieger und die Gegenrichtung. - Nein, auch das stadtplanerische Element ist in Halle immer wieder für einen Beinahe-Herzinfarkt bei unkundigen Autofahrern gut. Es ist zwar die wohl kleinste Fußgängerzone der Welt, hat dafür aber allerlei verkehrsplanerische Raffinessen. Immerhin kann man mit dem Auto einmal um das Haller Herz fahren, dabei sollte überlegt werden, ob man nicht im Zuge des 750jährigen Jubiläums eine Stadtrundfahrt anbietet: „Schauen sie bitte links und sehen sie Halles Altstadt."

Übrigens, hätten Sie wirklich gedacht, daß die Lindenstadt schon so alt ist? Also, mir kommt es so vor, als ob es Halle erst seit wenigen Jahren gäbe, so seit 1993 in etwa. Sie müssen sich einmal vorstellen, damals gab es nichts: Keine Tennisschläger, keine Tennisbälle, keine ATP-Weltrangliste, ja, ich frage mich, ob das Tennisspiel zu dieser Zeit überhaupt schon bekannt war? Unvorstellbar also, daß es damals schon ein Halle gegeben haben soll.

Ampeln allerdings muß es wohl gegeben haben, denn die Lindenstadt scheint die Heimat dieser bizarren Geschöpfe am Rande der Verkehrswelt zu sein. Ist Ihnen aufgefallen, daß mittlerweile fast an allen Haller Ortsausgängen Ampeln stehen? Meines Erachtens sind sie eine elektronische Neufassung der altertümlichen Stadtmauern. Sie blockieren den Weg ins Stadtinnere. Offenbar meist sogar um des reinen Blockierens willen. Fahren Sie doch mal nachts nach Halle: Alle Ampeln zeigen rot. Und selbst wenn sie grün zeigen, können sie sicher sein, daß sie nach rot wechseln, sobald Sie kaum noch eine Chance haben zu bremsen, aber nur, um nach dem geglückten Bremsmanöver sofort wieder freie Fahrt zu geben.

Glauben Sie bitte nicht, ich hätte keine anderen Probleme, aber das ist schon eine wichtige Sache. Ich will doch auch nur vernünftigen und sicheren Verkehr.

Sicherer Verkehr! Nach Meinung von Experten auch durch Geschwindig-keitsverringerung zu erreichen. Das Resultat: Tempo 30. Auch die Lindenstadt woll-te sich dieser Maßnahme zur Verkehrsberuhigung nicht verschließen:

Ich will Spaß, ich geb' Gas
März 1998

Seid gegrüßt meine Freunde! Bereits jetzt fiebere ich den ersten sonnigen Tagen entgegen, dann endlich ist es nämlich wieder soweit: Cabriozeit.

Und jetzt das: Beratschlagen die hohen Herren in der Lindenstadt doch tatsäch-lich, den gesamten Citybereich zur „Dreißigzone" zu erklären. Das bezieht sich aber nicht auf die Altersgrenze, so daß nur noch gutverdienende Jung-Yuppies die Haller Innenstadt betreten dürfen, sondern auf die Höchstgeschwindigkeit der lieblichen Blechkarossen in unserer „grünen" Lindenstadt. Nicht, daß ich schneller als mit Schrittgeschwindigkeit durch die City führe, immerhin müssen die Leute doch Zeit haben, mich auch in meinem Cabriolet zu erkennen, aber später will man ja schon mal vom Fleck kommen. Tempo 30 in allen Gassen, das ist so, als ob man die ganze Stadt kollektiv schuldig gesprochen hätte: „Schuldig im Sinne der Anklage, 30 Stun-denkilometer auf Lebenszeit."

Nun kann man heute dank Stadtplanung und Verkehrslenkungskonzept eh in Hal-le nirgendwo schneller als 30 fahren. Auch die B68, das bisher größte Verkehrsbe-ruhigungsprojekt der Stadt, macht mit ihrer ausgefeilten Ampelschaltung ein schnel-les Fortkommen unmöglich.

Wenn dieser Tage die fleißigen Hobbyplaner vom „Arbeitskreis Innenstadt" ihre Entwürfe präsentieren und anscheinend die gesamte Innenstadt schon im 30er-Rausch sehen, sollte man nicht vergessen, daß die gleichen - zumindest zeichnerisch - begabten Planer auch den Rochinplatz ganzjährig überdachen wollen. Am besten nach dem Vorbild des Gerry Weber Stadions: Dach auf, Dach zu.

Tempo 30 flächendeckend: Wie das läuft, wurde in einem Modellversuch schon im Ortsteil Hesseln ausprobiert. Der kleine Ort wurde sozusagen im Handstreich ge-nommen. In einer Nacht-und-Nebel-Aktion wurde alles zur „Dreißigzone" erklärt, natürlich nicht ohne die Vorfahrtsregelungen zu ändern. Und wenn man nun wie all die Jahre zuvor die Ortsdurchfahrt als B68-Umgehung nutzt, seinen Wagen innerorts auf 70 beschleunigt, dann bleibt einem plötzlich das Herz stehen, entweder weil die Polizei ihre neuen Lasergeräte austestet oder sich ein Autofahrer wirklich an die neuen Vorfahrten hält und plötzlich entgegen langjähriger Erfahrung mitten im Weg steht.

Übrigens: Daß Halle mit Hilfe vieler formschöner, moderner, in den Straßen auf-gestellter Stahlkunstwerke verkehrsberuhigt werden soll, ist ein Gerücht.

*Ich wäre ein schlechter Wicht(el) würde ich nicht als Maßnahme zur Verkehrsberu-
higung ein Fahrverbot für Frauen fordern. Aber das gehört hier nicht her. In der Tat
setzt man gerade auch im Zeichen der EXPO 2000 immer stärker auf den öffentli-
chen Personennahverkehr. In der Region hat dieser ÖPN auch einen Namen: Haller
Willem.*

Alles Willem - oder was?

April 1998

Der Haller Willem: Nach über hundert Jahren für Halle immer noch die einzige
Verbindung zur Außenwelt. Ein neuer Fahrplan gestattet es den Hallern nun auch am
Wochenende, den Schatten des Gerry-Weber-Stadions ohne großes Aufhebens zu
verlassen.

Soviel Freiheit scheint den Lindenstädtern aber zu Kopf gestiegen zu sein und der
Hauch der Weltgeschichte, eine Expo-Ausstellung, hat diesen auch noch berauscht.
Schon sind allerlei Planungen im Gespräch, die dem Haller Willem den Respekt er-
weisen sollen, den er verdient, und es reicht anscheinend nicht, daß man im Haller
Stadtzentrum durch die Errichtung eines gleichnamigen Lokals die Attraktivität der
Haller Innenstadt bereits um etwa 70 Prozent erhöht hat. Nein, nun soll der gesam-
te Busbahnhof auf die Seite des Bahnhofs gebracht werden.

Für den Laien macht das wenig Sinn, denn Bus- und Bahnhof sind nur eine
Straßenbreite entfernt. Steigen denn mehr Menschen auf den Nahverkehr um, weil
sie genau zwei Meter weniger gehen müssen? Ihre Professionalität haben die Haller
Stadtplaner schon des öfteren unter Beweis gestellt, und mit ihrem schönen Bauplan
haben sie auch einen Wichtel wie mich überzeugt, obwohl ich immer noch glaube,
daß es auf dem neuen Busbahnhof ziemlich eng werden könnte.

Der Plan beinhaltet auch eine „Kiss and Ride"-Zone! Tja, da ist mir noch nicht
ganz so klar, was das sein soll und ich hoffe nicht, daß es ist, was ich denke, daß es
sein könnte. Aber das gehört auch nicht hierher, weil nicht jugendfrei.

Andere Fragen drängen sich auf: Was soll am Haller Bahnhof eine Radstation mit
165 Stellplätzen? Gibt es überhaupt so viele Fahrräder in Halle? Die Gesellschaft für
Arbeits- und Berufsförderung hat ein teures Anliegen. Aber Arbeitsplätze durch
Fahrradplätze? Nein, habe ich nicht wesentliche Aspekte dieser Arbeitsförderung
unterschlagen? Klar, der Fahrradkurierdienst innerhalb von Halle ist eine notwendige Antwort auf die ständige Vergrößerung der Handelszentren in der City und der
Fahrradputzservice scheint ebenfalls eine der aufstrebenden Dienstleistungsbran-
chen zu sein.

Stutzig macht mich die Ankündigung des Verkaufs von Fahrrad-Gebrauchtteilen,
ich hoffe nicht, daß die sich aus den in der Radstation untergestellten Rädern rekru-
tieren. Nun gut, man wird sehen, wie es ausgeht und anläuft.

Zunächst einmal ist aber die neue Fahrplaneinführung entscheidend und die Leute vom Haller Stadtmarketing haben einen Aktionstag angekündigt. Wobei Werbe-
fachmann Hans-Jürgen Krackher („Haller Willem, aller Willem") wieder mit einem

markigen Slogan zugeschlagen hat: „Halle im Westfalen-Takt" oder „Halle Westfalen im Takt", was die richtige Version ist, konnte ich aus dem Logo nicht wirklich ersehen. Ist aber eigentlich auch egal, Hauptsache, die „Message" paßt.

Übrigens der ITF ist so gut getaktet, daß die Anschlüsse zur gleichen Minute losfahren, wie man ankommt. Wenn die Bahn jetzt noch pünktlich wäre, hätte man zumindest eine reelle Chance!

Nun, obwohl mit dem „neuen" Haller Willem anscheinend ein sensationeller Glückstreffer gelandet wurde, wollten es die weisen Oberhäupter Halles nicht dabei belassen. Sie begründeten das „Stadtbussystem".

Hesseln und der Rest der Welt
Oktober 1998

Wer in den vergangenen Jahren aufmerksam die Entwicklung im Verkehrsbereich unserer Heimat verfolgt hat, wird nicht umhin kommen festzustellen, daß sich einiges tut. Aber: Sind es Entwicklungen, die Bewegung verheißen, oder stellen sie Unbewegtheit dar?

Schon steht den Hallensern, äh, nein, den Hallern (oder gar den Hallodris?) die neueste verkehrspolitische Errungenschaft ins Haus. Ein weiterer meisterhafter Entwurf infrastruktureller Erneuerung, sozusagen von der Basis aus; nach Tempo 30 in allen Gassen haben die heimischen Volksvertreter etwas Neues entdeckt: das „Stadtbussystem".

Dieses Schlagwort könnte eigentlich Landbussystem heißen, hätte da nicht irgend jemand irgendwann Halle die Stadtrechte verliehen. Der Name sagt schon, das Ganze hat System und Busse spielen auch eine Rolle. Früher, in der Zwergenschule, dachte ich übrigens, Busen wäre der Plural von Bus, aber so sind wir Männer, schon als Miniwichtel denken wir immer nur an das Eine.

Gut, davon mal abgesehen, ist es natürlich eine gute Idee, Hesseln mit mehr als zwei Busverbindungen pro Tag an den Rest der Welt anzubinden. Aber der Rest der Welt ist nicht nur Halle. Nein, wenn schon, dann bitte richtig. Dann muß vom Stadtbussystem ein guter Anschluß an andere öffentliche Verkehrsmittel existieren. Dann muß eine Busfahrt von Hörste nach Bielefeld möglich sein, aber nicht über Harsewinkel und nicht mit über einer Stunde Fahrzeit und nicht zu einem Preis, für den andere ihr Auto volltanken. Überhaupt erscheint es mir eher eine Konkurrenz zum Haller Willem zu sein. Wie dem auch sei, für Halle finde ich, ist es eine unglaublich innovative Idee. Wer hätte das gedacht, in einer Stadt, in der der verkehrspolitischen Höhepunkt des Jahres eine Heißluftballonfiesta ist.

Zurück zum Haller Willem! Seit es die EXPO gibt, ist Halle im Willem-Fieber. Nicht nur das sämtliche Ampelanlagen und Bahnhöfe an der Strecke erneuert werden, nein, man munkelt sogar, daß man in Bälde wieder nach drüben fahren könne, ins Osnabrücker Land. Bis dahin vergehen aber noch einige Tage und man kann sich zunächst wieder auf die Probleme vor Ort konzentrieren. So beispielsweise auf das Problem einiger Anwohner des Haller Bahnhofs, die plötzlich erfuhren, daß sie sich an den Kosten für eine Straße zur Erschließung des neuen Bahnhofs zu beteiligen hätten. Natürlich nicht nur für den Bahnhof, sondern auch für sich, für eine zweite Einfahrt zum Haus:

An die Geldbörse, aber zügig!
Januar 1999

Es ist nahezu unglaublich, was die paar Buchstaben und Zahlen „Expo 2000" alles bewirken können. Selbst die „Agenda 21" tritt bei so viel Wirbel in den Hintergrund und die hat immerhin zwei Buchstaben mehr.

Mal ehrlich: Was ist man denn heute noch, wenn man kein eigenes Expo-Projekt angemeldet hat? Tja, die Chance dafür ist allerdings vorbei, die Torte ist sozusagen verteilt und selbst die Krümel hat schon jemand anderes zusammengekratzt. Aber das macht nichts, denn es gibt noch eine Reihe von Möglichkeiten, sich im Rahmen der Weltausstellung zu engagieren; Anteil zu nehmen an diesem gesellschaftlichen Hochereignis, diesem geschichtsträchtigen Mega-Event am Anfang des neuen Jahrtausends, oder am Ende des alten, je nachdem, wie man es gerne sehen möchte. Einige Haller Bürger dürfen jetzt zeigen, wenn auch nicht ganz freiwillig, wie so etwas aussehen kann. Es geht, wie sollte es anders sein, um das ostwestfälische Vorzeigeprojekt schlechthin, den „Haller Willem". Im Zuge, wie man ja so schön sagt, seiner Modernisierung soll auch der Haller Bahnhof umgestaltet werden.

Nötig hat er es sicherlich. Die Pläne dafür sind schon seit längerem bekannt, stammen aber allem Anschein nach von einem Architekten aus Schilda. Wie auch immer, für den Umbau muß eine Straße her. Und die hat, wie kann es im Inneren einer Stadt auch anders sein, Anwohner. Und eben diese sollen für die Erschließung Halles zum Expo-Projekt gut und gerne 210.000 Mark zahlen. Selbst schuld sind sie, haben sie doch nicht täglich die amtlichen Bekanntmachungen gelesen und so glatt vergessen, Einspruch zu erheben. Immerhin hat die Stadt Halle sie mittlerweile, wenn auch nach der Einspruchsfrist, benachrichtigt. Klar, weiß doch auch die Verwaltung, daß man für gewöhnlich solche Summen nicht in der Kaffeedose auf dem Küchenschrank hat. Aber: Zahlt man nicht auch gern, wenn man die Tragweite des Projekts vor Augen hat? Irgendwann wird der „Haller Willem" wieder bis zu unseren Brüdern und Schwestern in Osnabrück durchfahren, oder, um es mit dem Satz eines berühmten Mannes zu sagen: verbinden, was zusammengehört.

Ob dann wenigstens die Triebwagen die Namen derjenigen Lindenstädter tragen, die das mit ihrem sauer verdienten Geld ermöglichen durften?

Für den Umwelt- und Naturschutz, da sind wir alle gleich, engagieren wir uns gerne! Und wenn im Frühjahr wieder die Krötenzäune am Straßenrand erscheinen, fahr' auch ich im lurchfreundlichen Tempo durch die Wallachei, immer darauf bedacht, keinen meiner evolutiven Vorgänger zu plätten.

Motor aus und einfach warten

April 1999

Der Frühling hat begonnen. In Ostwestfalen gibt es einige typische Anzeichen, die einen diese Feststellung treffen lassen. Der erste Anhaltspunkt für den nahenden Frühling ist der alljährliche Zeitungsartikel über die blühenden Leberblümchen am Jakobsberg.

Das nächste Indiz an den Hängen des Teutoburger Waldes ist, daß es nicht mehr 24 Stunden am Tag regnet, sondern durchaus kleinere Fußwege, beispielsweise das Rausstellen der Mülltonnen, schon mal ohne Schirm gemacht werden können.

Untrüglichstes Zeichen für den Jahreszeitwechsel aber sind die Frühlingsgefühle. Ich meine das liebestolle Paarungsverhalten, das sich bei Mensch und Wichtel nicht zwangsläufig einstellt, bei unseren kriechenden Glitschfreunden aber mit dem ersten Sonnenstrahl voll durchschlägt. Denn noch bevor überhaupt das Cabrio- und „Bock"-Wetter so richtig begonnen hat, sind alle schönen Landstraßen auch schon wieder gesperrt.

Während man sich früher noch auf das bloße Aufstellen von kleinen grünen Krötenzäunen beschränkte, droht heute die Vollsperrung gesamter Straßenzüge. Dabei reicht eine Nachtsperrung längst nicht mehr aus, auch tagsüber werden die Straßen dichtgemacht.

Wehe dem also, der sich in diesen Tagen aus eiliger Not heraus zu einer jener abkürzenden Überlandpartien verführen läßt; er landet in Teufels Küche. Wer die für den Schwerlastverkehr geeigneten Straßen verläßt, ist mittendrin in der Umleitungsfalle. Und damit ist wirklich sicher, daß man jeden Bauernhof im Umkreis anfährt.

Fährt man nicht gerade einen Audi (den ohne Tankstop aus der Werbung, Sie wissen schon), sollte man solche Fahrten nur mit Zusatzkanister unternehmen. Zwar sind die ostwestfälischen Bauern für ihre Gastfreundschaft bekannt, doch erreicht man meist nicht die Haustür, ohne vom Hofhund zerfleischt zu werden. Besonders nachts kann eine solche (Tor)tour bei nervenschwachen Beifahrerinnen zu wahren Panikattacken führen.

In diesen Fall hilft eigentlich nur noch eines: Motor aus und auf Frühlingsgefühle warten.

Zum Abschluß noch ein sehr sozialkritischer Ansatz zum „Tempo 30"-Problem. Auf ihn bin ich in der Böckstiegelstadt gestoßen:

Keine Mauer in den Köpfen
September 1999

Ach, ist es nicht immer wieder schön, wie die ostwestfälische Mentalität die Herzen der Menschen mit dem hellen Licht des Zusammenhaltes erfüllt. Wären alle Deutschen ostwestfälischen Ursprungs, die Einheit des Volkes wäre wohl ein Leichtes.

Doch auch vor der heimischen Idylle macht die Willkür der Obrigkeit nicht halt. Baulich werden in Werther die Einwohner getrennt. Freilich nicht durch eine Mauer, wie man es seinerzeit aus unserer ehrwürdigen Hauptstadt kannte, nein es ist viel subtiler, aber deshalb noch hinterhältiger: Eine Tempo-30-Zone.

Tatsächlich haben die schlauen Isingdorfer Bauern schnell gemerkt, daß die Verkehrsberuhigung am Schwarzen Weg nur ein Ziel verfolgt, nämlich die Bauern aus Werther fernzuhalten. Für landwirtschaftliche Schwerstmaschinen ist der Schwarze Weg damit nahezu unpassierbar geworden. Übrigens sehr zur Freude der Anwohner in den neuen Baugebieten, die von den Bauern liebevoll „die Siedler" genannt werden - obwohl „Zonis" doch wohl besser passen würde -, ihre Kinder sind nun vor rasenden Mähdreschern sicher.

Tja, verständlich, daß Eltern ihre Kinder nach dem Spielen nur ungern in zerhäckseltem Zustand begrüßen. Ärgerlicher Nebeneffekt ist, daß es wieder an der Schule hängt, hier die „Spreu vom Weizen" zu trennen. Aber was sage ich da? Wie sollen denn nun die Bauern in die Stadt kommen, wenn alle Zufahrtsstraßen durch Tempo-30-Zonen blockiert sind? Wie sollen sie ihre Waren auf den Markt bringen? Und die „Zonis", na, die würden sich doch auch über frische Bananen aus echt deutschem Anbau freuen.

Vielleicht gibt es doch noch einen Kompromiß, so etwas soll durchaus möglich sein. Wie gut also, daß die Ostwestfalen für ihre liberale Grundhaltung bekannt sind. Hier gibt es keine Mauer in den Köpfen, dafür aber jede Menge Tempo-30-Zonen auf den Straßen.

Da bleibt doch nur zu fordern: Freie Fahrt für freie Bauern.

Soweit unserer Verkehrte Region! Da bleibt mir für die Zukunft nur zu wünschen: Haben Sie stets angenehmen Verkehr ...

Veranstaltungskalender

Im restlichen Bundesgebiet sind wir Ostwestfalen mehr oder minder schlecht ange-sehen. Da heißt es, wir wären zu spröde, zu engstirnig, zu humorlos und, und ... . Die Liste ließe sich mit Sicherheit über mehrere Absätze fortführen, aber wer würde das noch lesen wollen. Allerdings, so möchte ich meinen, gibt es durchaus einige Vorurteile, die so falsch gar nicht sind; auch wenn sich das paradox anhört. Die Meinung, der Ostwestfale entsage dem Frohsinn, trägt beispielsweise ein Stück Wahrheit in sich. Gut wen wundert's, hier regnet es ja auch ständig! Trotz allem zei-gen sich die Bewohner des Altkreises durchaus Willens, auch mal die „Sau" raus zu lassen, wenn auch meist mit mäßigen Erfolg. Dabei setzt man verstärkt auf Sitten und Gebräuche, die sich schon in anderen Regionen bewährt haben, beispielsweise den Karneval oder auch Fasching:

Vorsicht - die Altkreisnarren kommen
März 1997

„Helau, Alaaf, liebe Narren und Närrinnen" - also wirklich, dieses Karnevalsge-seire ist doch sowas von langweilig! Jedes Jahr dasselbe, jedes Jahr dieselben und überhaupt immer das gleiche. Diese aufgesetzte Fröhlichkeit, dieses auf Kommando lustig sein... Nein, danke! Und die sind ja alle so witzig!

Aber mal Hand aufs Herz, wer hat sich denn wirklich schon einmal in seinem ost-westfälischen Fernsehsessel richtig „abgerollt", wenn „Mainz singt und lacht"? Nie-mand! Kein Wunder, man versteht ja kein Wort vom Gebrabbel der Jecken. Einzig, wer vollstramm vor der Flimmerkiste hängt, mag in zustimmendes Grinsen verfal-len und schunkelt gerne mit, gerade, als ob er selbst im Festsaal säße.

Glücklicherweise ist bei uns hier am Teutoburger Wald alles noch mehr oder we-niger ruhig. Aber es werden Stimmen einiger Unentwegter laut, die auch bei uns die Fastnacht einführen wollen. Doch tut das not? Sicherlich nicht! Warum nicht? Nun, wir haben schon genug Narren und die das ganze Jahr über. Ja, ja, ich könnte Na-men nennen, doch belassen wir es bei diesem Hinweis, und Sie halten die Augen of-fen!

Diese fünfte Jahreszeit ist wirklich etwas besonderes. Jeder kann dabeisein, sie ist also sozial sehr gerecht. Das ist nicht allen Jahreszeiten eigen. Erinnern wir uns an den vergangenen Sommer, den konnte nur mitmachen, wer auch wirklich minde-stens zwei Wochen auf einer Mittelmeerinsel weilte. Oder der Winter. Wer hat bei uns denn schon einen richtigen Winter mitgemacht, mit meterhohen Schneebergen? Doch nur, wer das nötige Kleingeld hat, sich wedelnderweise in den Alpen herum-zutreiben. Nee, nee, ist schon 'ne soziale Sache, dieser Karneval.

Auch die zwischenmenschlichen Kontakte, die aufgebaut werden: Da wird ge-meinsam gesungen, geschunkelt, getanzt, getrunken - vor allem getrunken - und geknutscht und ge... wie das halt so ist. Am nächsten Morgen gibt es dann das böse Erwachen, wenn („Runter mit der Maske!") sich das „Funkenmariechen" als „Flunkermaria" entpuppt. Aber einen echten Karnevalisten schockt so etwas natürlich nicht.

Wie gut also, daß der Altkreis weitestgehend dem allgemeinen Frohsinn bis zum heutigen Tage getrotzt hat. Aber wie bereits erwähnt: Vorsicht ist geboten. Schon jetzt werden vereinzelt konspirative Treffen abgehalten, die nur eines zum Ziel haben: Den friedlich schlummernden Altkreis mit Frohsinn zu überschwemmen. Obacht, liebe Nichtkarnevalisten, wehret den Anfängen!

Wenn dann aber die Ostwestfalen in Fahrt gekommen sind, dann gibt es kein Halten mehr, dann legen sie richtig los und können recht ungemütlich werden, wenn man ihre gute Laune zu stören versucht. Hörste gab da ein gutes Beispiel:

Ein echt gemütliches Völkchen
Juni 1998

Ja hier am Südhang des Teutoburger Waldes da wohnt wahrlich ein gemütliches Völklein. Nein, liebe Leser, ich meine nicht die Wichtel, ich meine die Ostwestfalen. Die Ostwestfalen sind weltberühmt, ihre Charakterzüge weit bekannt. So ihr ausgelassenes Temperament, das sie immer wieder beim Handballspiel zeigen, ihre fast schon sprichwörtliche Offenheit, ja, ihre Herzlichkeit gegenüber Fremden zeichnet sie aus.

Nicht zu vergessen ihr feuriges Gemüt, das sie immer wieder gern auf Festen jeglicher Art zeigen. Wo sie auch „wech" kommen aus Ostwestfalen, sie finden immer die „Tüar" zum Herzen der anderen Menschen, diese durch und durch liebenswerten Leute hier im sonnigen Süden des Teutoburger Waldes. Hier im ländlichen Raum, wo die Nachbarschaft noch eine echte Nachbarschaft ist, die dörfliche Gemeinschaft noch nach Traditionen und Bräuchen funktioniert, wie sie in der Welt wohl einmalig sein dürften.

Im Herzen dieser Idylle liegt das schöne Dörfchen Hörste. Wie jedes Jahr auch in diesem Jahr wieder in der Spitzengruppe beim Wettbewerb „Unser Dorf soll schöner werden". Hörste, ein Ostwestfalennest wie aus dem Bilderbuch, natürlich mit einer Handballmannschaft und einem Heimatverein. Und dem Hörster Bummel, einem Traditionsjahrmarkt, einer Institution im dörflichen Leben, eine Zeitmarke im zeitlichen Gefüge des Jahres, zwischen Aussaat und Ernte, zwischen Hemdsärmelball und Hemdsärmelball.

Und dann das: Zugezogene! Allein das Wort ist schon Programm, ein Wort mit zwei „Z". Das kann nichts Gutes bedeuten. Zugezogene! Wahrscheinlich noch aus Niedersachsen oder gar dem bundesnahen Ausland; Bayern beispielsweise. Zugezogene, die die dörfliche Idylle bis ins Mark erschüttern. Die den Ostwestfalen, ja den Hörster in der Ausübung traditioneller Riten hindern. Kann das denn wahr sein? Muß man sich das denn bieten lassen?

Ich meine nein. Also, wir Ostwestfalen, wir sind ja schon tolerant, ne, wir haben echt nichts gegen Zugezogene, ne, aber die sollten sich schon anpassen können. Gut, es ist ja wirklich ihr gutes Recht, sich zu beschweren, wenn sie keine Nacht ein Auge zumachen können, aber Silvester um 23 Uhr ist vielleicht doch ein bißchen hart. Aber am besten setzt man hier auf Reife und Toleranz, die in diesem Falle bei allen Beteiligten besonders stark ausgeprägt zu seien scheint.

Dorfkern in Hörste - Schöner kann ein Dorf nicht sein, hier herrscht noch ostwestfälischer Geist.

Ähnlich dem Karnevalsfieber im Frühjahr, grassierte im Herbst bald die Oktober-festsstimmung. Nach und nach eroberte dieser bajuwarische Frohsinnsimport die Hänge des Teutoburger Waldes.

Achtung: ostwestfälische Bazis
September 1998

Vorsicht liebe Freunde, der Oktober naht! Und im Gepäck hat er eine Welle des Frohsinns, die ganz Ostwestfalen zu überfluten sucht.

Jahrzehnte hindurch wurde hier an den Hängen des Teutoburger Waldes erfolgreich gegen die ständige Bedrohung durch die fünfte Jahreszeit angekämpft. Bis auf einige verirrte Seelen, die sich, Gott sei dank, meist still ihrem karnevalistischen Fetisch hingeben, war der Kampf erfolgreich.

Doch eine neue feuchtfröhliche Gefahr ist in den vergangenen Jahren aufgetaucht und greift immer stärker um sich. Das Oktoberfest, der „Bayerische Bazillus". Überall schießen Oktoberfeste aus den Boden. Kaum ein Kneipe, die im Herbst nicht weiß-blau flaggt, kein Ort, an dem nicht irgendwann aus einem Festzelt das verräterische „o'zapft is'" erschallt. Übrigens ist dieser Ausruf durch die, an klare Aussprache gewöhnte, ostwestfälische Zunge in den seltensten Fällen richtig zu artikulieren. Allein hier ist schon eine kommunikative Inkompatibilität festzustellen.

Trotzdem, dieses fremde Kulturgut breitet sich immer weiter aus und unterwandert unser heimisches Kulturerbe. Grauenerregende Mischungen entstehen. Da wird das gute „Pils" aus Maßkrügen gestemmt. Da werden Weißwürscht' auf Holzkohle gegrillt. Jodelwettbewerbe lassen unsere musikalische Identität verschwinden. Und: Welcher Jugendliche kann heute noch „platt küern"? „Schaumamal" verstehen sie aber alle.

Wo führt das hin? Wird es in nicht allzu ferner Zukunft den „ostwestfälischen Bazi" geben? Wird womöglich die CSU bald die absolute Mehrheit in Düsseldorf stellen?

Es scheint, als ob der einzige Zugang zum festlichen Beisammensein für den Ost-westfalen nur über das Kopieren fremder Brauchtümer zu erreichen ist. Doch das ist mitnichten so, denn es mangelt den Eingeborenen durchaus nicht an Fantasie, wie folgende Beispiel belegt:

Nur Mut: Heu schwimmt oben
November 1998

Allgemein ist bekannt, daß der Ostwestfale, na, ich will mal sagen, einen etwas eingeschränkten Horizont besitzt. Das liegt weniger an ihm selbst, als vielmehr an den ihn umgebenden Höhenzügen. So in etwa bis zum Teutoburger Wald ist die Welt ja noch in Ordnung. Aber was liegt jenseits der Gipfel?

Liegt dort die ewige Finsternis, der Rand der Scheibe, die wir hier „Welt" nen-

nen? Fragen, die bisher ungeklärt blieben. Nur wenige haben die (das?) Weite gesucht. Und noch weniger sind zurückgekehrt.

Das sind beileibe nicht die einzige Mysterien, die im Schatten des mächtigen Ge-
birges um die Ravensburg ungeklärt sind. Doch der ewige Wissensdurst der Ostwestfalen, gepaart mit dem nahezu sprichwörtlichen Witz, hat dieser Tage zur
Klärung eines wirklich drängenden Problems geführt. Die Frage lautete: Geht ein
Heuballen im Wasser unter?

Generationen haben sich diese Frage immer und immer wieder gestellt, ohne je
eine Antwort zu finden. So verwundert es nicht, daß nun endlich etwas unternom-
men wurde: Nahezu 400 Schaulustige waren anwesend, als man in Kölkebeck im
Rahmen eines groß angelegten physikalischen Experiments das Rätsel abschließend
lösen wollte.

Der Versuchsaufbau: ein Heuballen, ein Tümpel, der tiefer sein sollte als der Bal-
len hoch, und ein Faß Bier - und schon ging es los. Und, sie ahnen es (oder nicht):
Unglaublicherweise versank der Heuballen nicht. Das Faß Bier war übrigens nicht
unbedingt nötig, erwies sich jedoch als brauchbarer Wetteinsatz. Immerhin ist Bier
Deutschlands zweite Währung und nach wie vor gilt: „Hast Du Bier, bist Du nie allein." Na ja, oder so ähnlich.

Das Experiment zeigt also: Heuballen schwimmen! Und es verdichten sich
Gerüchte, wonach ostwestfälische Auswanderer, die um das Geheimnis schwim-
mender Heuballen wußten, das große Wasser überquerten und nun in einem Land
leben, in dem nicht Bier, sondern Cola der beste Freund des Menschen ist. Welch
Mysterium!

Immerhin war die Aktion für einen guten Zweck. Und der heiligt bekanntlich die
Mittel.

*Nach diesem Ausflug in die fantasievolle Freizeitgestaltung hier nun einige moder-
ne Formen des regionalen Partygeschehens:*

Die ostwestfälische Strandidylle
April 1999

Kennen Sie eigentlich Beachparties? Sagen Sie nicht, Sie hätten noch nichts von
Beachparties gehört! Sicher denken Sie jetzt an Südsee, Sonnenuntergang, Sand-
strand, Palmen und die netten Jungs und Mädels aus der Batida-Werbung. Aber das
meine ich nicht, ich rede von den westfälischen Beachparties.

„Na und", werden Sie jetzt vielleicht denken, „was soll schon mit denen los sein?"
Nun, es gibt zwei Dinge, die für eine solche Festivität Voraussetzung sein sollten:
Zum einen Sonne und zum anderen Beach, also Strand. Mit beidem ist Westfalen
nicht sonderlich reich gesegnet. Um genau zu sein: überhaupt nicht. Trotzdem sind
Beachparties der Renner bei den Vergnügungssüchtigen.

Es ist natürlich erste Wichtelpflicht, Sie, liebe Leser, mit Informationen aus erster
Hand zu versorgen. Aus diesem Grunde habe ich in der vergangenen Woche meinen

Winterspeck schon einmal in die Badeshorts gezwängt und mich unter das Brock-hagener Strandvolk gemischt, zur wohl größten Strandfestivität der Region.

Als alter Deelenfest-Veteran muß ich ehrlich sagen, daß sich zwei Dinge nicht geändert haben: die Lokalität und die Gäste. Es sind nur irgendwie mehr geworden. Das gilt übrigens auch für das Geld, das man an einem solchen Abend ausgibt.

Geändert haben sich die Getränke. „In" ist Sangria, aus Eimern, versteht sich. Deren Auswirkungen auf manchen Besucher lassen einem schon verständlich werden, warum die Spanier Mallorca zurückerobern wollen. Strandgefühle wollten sich bei mir aber partout nicht einstellen, da hätte ich mir den eigens aufgeschütteten Sand anschauen können, solange ich wollte, wenn er vor lauter Menschen zu sehen gewesen wäre. Und 9 Grad Nieselregen konnten auch die riesigen Heizsysteme nicht in 20 Grad sternklare Nacht umwandeln.

Heiß allerdings wurde einem dafür bei der Striptease-Show. Ja, das hat es tatsächlich auf Deelenfesten nicht gegeben, dort bestand das Unterhaltungsprogramm aus Schlägereien.

Irgendwie war früher doch nicht alles besser.

Ja, ja Früher! Ich frage mich hin und wieder, wie wohl meine Eltern ihre Wochenenden verbracht haben. Schließlich gab es viele lustige Dinge noch gar nicht, wie zum Beispiel die „Future-Parade" in Brockhagen:

Was kostet die Welt - ab in die „Future"!
August 1997

Wieviel Geld braucht man wohl, um die Welt kaufen zu können? Wer sich diese Frage noch nie gestellt hat, scheint der Konsumgesellschaft bis heute entgangen zu sein. Doch das Anliegen, die Welt mit barer Münze zu erwerben, ist die faszinierende Krönung allen Kaufens; das höchste aller Konsumgüter. Wer aber kann den Preis nennen, wer ist der Verkäufer, in welchen Katalogen steht sie, die Welt?

Man sieht schnell ein, daß über diese Fragen ein Nachdenken lohnt. Darum sollten sie auch gestellt werden, diese einfachen und doch kaum zu beantwortenden Fragen. Nun sollten wir die philosophische Ebene aber verlassen und uns den schnöden, alltäglichen Fragen zuwenden. Beispielsweise: Was ist eine „Future Parade"? Die Veranstalter aus Brockhagen zumindest sollten es wissen, während anderen Menschen ein kurzes Sinnen über diese Frage gestattet werden muß.

Die „Zukunftsparade", wie es wohl im guten heimatlichen Sprachgebrauch heißen mag, scheint der sogenannten „Liebesparade" (englisch: Love Parade) verwandt zu sein. Das bekundeten auch die Veranstalter. Doch schon die Berliner Veranstaltung konnte nicht halten, was sie versprach. Nicht „love" war in Berlin angesagt, sondern wohl eher Abzockerei und Highlife: Keine Eine-Million-Menschen-Orgie also, sondern Bierdosen für fünf Mark und Pillenheinis, die zwar ekstatisch zuckten, aber nicht aus Liebe.

Was also wird uns die Brockhagener „Future Parade" bringen? Eine Million

Menschen, die sich durch den Steinhagener Ortsteil wälzen und soviel Müll hinterlassen, daß Brockhagen gleich als Deponie weiter benutzt werden kann? Oder bringt
die Parade Zukunft in ein Dorf, in dem noch immer die Kyffhäuser Kameradschaft
regiert, beispielsweise A33-Anbindung, geschlossenes Nahverkehrsnetz, Cyberto-
wer? Wahrscheinlich nichts von alledem, doch eines auf jeden Fall: Spaß! Bleibt nur
zu fragen: Was kostet eigentlich so 'ne „Future"?

*Wo ich gerade von Zukunft sprach! Nun noch ein kleiner Ausblick auf das, was man
von eben dieser erwarten darf:*

Viel Spaß auf der Straße?
Juli 1999

Wie sich doch die Zeiten ändern. Anders als damals in den wilden 68ern locken
heute politische Überzeugungen keinen mehr auf die Straße: „Demonstrieren ist out,
paradieren ist in!" Der Sommer bietet sich aufgrund seiner milden Temperaturen besonders für diese gemeinsame sinnentleerte Bezeugung allgemeiner Nichtigkeiten
an.

Wo früher der Pflasterstein ein probates Mittel zur Durchsetzung politischen Willens war, hat heute die Super-Soaker mit Zwei- Liter Tank einen bedeutenden Platz
im zwischenmenschlichen „Paradespiel" eingenommen. Auch die modischen Ac-
cessoires haben sich geändert. Das Halstuch vor dem Mund zum Schutz vorm Trä-
nengas-Einsatz ist von einem Hauch Plastikfolie um die Hüften abgelöst worden;
obenrum trägt man eh nichts mehr.

Dabei ist es ja nicht nur die „Love-Parade", die jedes Jahr Tausende in ihren Bann
zieht. Nur wenige Wochen zuvor hat der „Christopher Street Day" ebenfalls Tausende bundesweit auf die Straßen gezogen. Tatsächlich geht der „Homo-Feiertag"
noch auf einen durchaus ernstzunehmenden Hintergrund zurück, außer der Musik
unterscheidet ihn allerdings auch nicht allzuviel von der Berliner Megaparty. Zumindest konnte man seine hübschen Sachen vom „Street Day" bei der „Love-Parade" wieder auftragen.

Übrigens, die „freie Wahl der Lebensform", wie sie von vielen Schwulen und Lesben gefordert wird, käme mir auch sehr zupaß. Dann würde ich mein klägliches
Wichteldasein endlich gegen das einer Hauskatze tauschen und den ganzen Tag nur
schlafen. Natürlich nur dann, wenn sich die Zahl derer, die sich für ein Leben als
katzenfressender Alf entscheiden, begrenzt bleibt. Alf, das wissen wir ja, steht für
Außerirdische Lebensform.

Welche Lebensform sich nun die meisten Schwulen und Lesben wünschen, bleibt
für mich wohl immer ein Geheimnis. Wie auch immer, das Paradieren hat in den
Karnevalsumzügen eine lange deutsche Tradition, scheint also schon mit der Mut-
termilch eingesogen zu werden. Es macht aber auch wirklich Spaß. Und wer weiß,
vielleicht bringt das neue Jahrtausend den Rosenmontag in den Sommer und wir erleben: Den Christopher-Love-Karnevals-Umzug.

Kompott oder auch Dessert

Es folgt eine Reihe von Texten, die ich unter keinem vorhergehenden Titel einzuordnen vermochte.
Dabei verwischen sowohl die Grenzen der Altkreisgemeinden als auch die Themen und die zeitliche Abfolge. Man findet hier sozusagen einen Nachtisch vor, der für jeden etwas bietet. Ich hoffe, er mundet leicht, locker oder fruchtig, kernig, je nach Vorliebe. Guten Appetit!
Man beginne mit einer Prise Kultur:

Recycling à la Lindenstadt
März 1998

Meinen Sie bitte nicht, Wichtel würden nichts von Kunst verstehen, nur weil wir in dunklen Tunneln und Höhlen hausen. Gut, wahrscheinlich haben Sie sogar recht, wir verstehen nicht allzuviel von Kunst, aber wir haben einen gesunden Wichtelverstand. Und eben dieser sagt mir manchmal nur allzu deutlich, daß mit der Kunst irgend etwas nicht stimmt.

Wenn man beispielsweise mal eine Ausstellungseröffnung besucht, sieht man, was ich meine: Zunächst das gegenseitige Auf-die-Schulter-klopfen der Verantwortlichen, anschließend die kurze halbstündige Einführung eines Spezialisten, wobei keiner der Anwesenden, Künstler und Spezialist eingeschlossen, wirklich versteht, worum es eigentlich geht. Nun ja, und dann kommt man irgendwann dazu, sich die Exponate anzuschauen und denkt so bei sich: „Tja, das könnte ich eigentlich auch, wenn ich nur die Zeit dazu hätte." Schließlich holt man sich sein Glas Sekt ab, geht nach Hause, wohl wissend, für das nächste halbe Jahr Kultur genug genossen zu haben.

Kunst, die so zähflüssig ist wie ein zwei Monate alter Kaugummi und so interessant wie die Bedienungsanleitung für Einwegfeuerzeuge. Ist das noch Kunst? In der Haller Innenstadt kann man seit neuestem auch moderne Kunst bewundern. „B-A-C-H in Stahl", von einem berühmten Professor entworfen und gebaut. Was sich da dem Betrachter offenbart, sieht sehr nach Alteisen-Recycling aus. Nicht nur, daß die vier Eisenwürfel jeglichen Floh- und Weihnachtsmarkt auf dem Kirchplatz behindern, nein, sie werden auch noch die nächsten hundert Jahre unbeschadet überstehen. Und was meinen sie, wie sich die Leute über die Kunst freuen, wenn sie beim Bummel über den Nikolausmarkt an die rostigen Stahlwürfel kommen und sich ihre Hose versauen. Übrigens habe ich mich beim Anblick dieses bedeutenden Kunstwerks gefragt, wo eigentlich das überdimensionale Eisenkreuz hingekommen ist, das vor Jahren rostzerfressen den Haller Kirchplatz zierte? Gammelt es in irgendeiner Kirchplatzecke? Ist es zu Staub zerfallen? Oder wurde es in einer Nacht- und Nebelaktion vom Alteisenhändler demontiert? In diesem Sinne und für Ostern natürlich dicke Eier.

Bach in Stahl - Kunst (?!) auf dem Haller Kirchplatz.

Und noch einmal Bach, weil es so schön ist ...

Voll den alten Bach runter
Februar 1999

Die Zeit ist gekommen, daß sich in unseren heimischen Gefilden ein Kulturereignis höchster Güte zum 36. Male jährt. Nein, ich meine nicht die Prunksitzung des Künsebecker Karnevalsvereins, obwohl auch diese unbestritten zu den Highlights des kulturellen Frühjahrs im Altkreis gehört. Ich spreche von den Haller Bachtagen. Die Bachtage stellen mittlerweile eine musikalische Institution dar, die ihresgleichen sucht. Auch wenn sich die Macher des Gerry Weber Stadions bemühen: Ihre alljährliche Schlagerhitparade stößt beim wahren Musikfreund noch nicht auf diese Anerkennung. Und ein wahrer Musikfreund, so scheint es mir, muß man sein, will man die Bachsche Musik nicht nur verkonsumieren, sondern auch in ihrer Tiefe begreifen.

Wie steht man denn da, wenn man das Magnificat nicht mit seiner ganzen sphärischen Region erkennt; wenn man das koloraturenreiche Tutti-Instrumentarium in seiner polyphonen klamatorischen Deutlichkeit nicht begreift. Dann hört man tatsächlich nur schnöde zu. Also, ich meine, das ist doch nun wirklich peinlich, oder?

Aber zum Trost: Der Blick in die Gesichter einiger Besucher läßt vermuten, daß viele ebenfalls nicht Brahms von Bach unterscheiden können und nur aus Repräsentationszwecken ihren Weg in die St. Johanniskirche gefunden haben. Solange die Musiker vorne auf der Bühne die Originalwerke der alten Meister zum Besten geben, kann man schon die Augen schließen und einfach nur zuhören.

Doch gewarnt sollte man sein, es stehen eigene Interpretationen auf dem Programm. Bei moderner Klassik nimmt die Klangdichte oftmals extrem zu, nur gelbe Ohrenstöpsel verschaffen der geplagten Laienseele dann noch Linderung, bringen einem aber auch erboste Seitenblicke ein. Oft allerdings nur aus Neid! Im allgemeinen gilt ist es aber wie bei normaler Popmusik: Die Originale sind meist besser als die Samples.

Fehlt nur noch, daß man draußen auf dem Kirchplatz einen der Besucher vor dem „Bachdenkmal" sagen hört: „Also diesen Eisenschrott sollte man wirklich mal entsorgen!" Dann weiß man tatsächlich: Es sind Leute nur zum schnöden Zuhören gekommen.

Noch mehr Kultur? Halle hat einiges davon zu bieten ...

Kultur pur auf der Streckbank
Mai 1998

Als bodenständigster Bewohner der Teutoburger Waldes und seiner Hanglagen, also auch von Halle, verfüge ich über eine Reihe von Insiderinformationen, die teilweise schon fast brenzlig brisant sind. Allerdings muß ich einräumen, gibt es jetzt etwas ganz Neues, das auch mein bisheriges Wissen um diesen sagenumwobenen, fast schon mystischen Ort in den Schatten stellt: den Kulturpfad der Lindenstadt.

Ja, in Halle schlängelt sich die Kultur ganz klammheimlich durch das alltägliche Leben - wie ein Pfad eben. Ich bin versucht zu sagen: In Halle zu leben ist gelebte Kultur. Auf ganze 31 Seiten hat man diesen Kulturpfad in einem Rundgang durch die historische Altstadt Halles, ich möchte mal sagen, gestreckt. Immerhin ist im Heftchen tatsächlich jedes Haus am Kirchplatz aufgeführt und mit entsprechenden Informationen gespickt worden.

Obwohl der Rundgang mit lockerer Schrittfolge in der Zeit einer Seitenwechselpause beim Tennis - scheinbar ist dies die neue Zeitmessung in der Lindenstadt - zu bewältigen ist, werden sich wohl die wenigsten Gerry-Weber-Open-Besucher ins Haller Herz verirren. Aber, und da bin ich ganz ehrlich, für den einheimischen Kenner der Architekturszene empfiehlt sich eine kurze Lektüre der schnuckeligen Broschüre. Einige interessante Informationen sind dort versteckt. Und man wundert sich, wie alt Halle in seinen Grundfesten doch ist. Ja, ich glaube sogar, es ist gar älter als Hubert Deittert, obwohl ich mich mit dem Alter immer ein wenig verschätze und im Falle unseres verdienten Abgeordneten lieber keine Schätzung abgeben möchte. Immerhin haben zumindest noch kürzlich einige Steinhagener Schüler mit ihm gesprochen. Für mich also keine Frage, die Verständigung der Generationen läuft wie geschmiert und da sprechen manche von der Aufkündigung des Generationenvertrages.

Interessant, auch für die Schüler, war zu erfahren: Wie ist er denn nun so, unser Mann in Bonn, also so privat, irgendwie? Richtig interessant sind die Hobbys unseres MdB: Lesen und Spazierengehen. Nicht, daß ich gedacht hätte, Herr Deittert wäre passionierter Bungee-Springer, aber ein bißchen einfallsreicher hätte es schon sein können, es muß doch nicht alles im Leben so sein wie die Politik. Allerdings gab der Profipolitiker an, daß seine Freizeit minimal wäre und sich nur auf ganz, ganz wenige Feiertage beschränke.

Ja, ja, ja, so hart muß unser armer Hubi da draußen in Bonn (*heute Berlin, sonst ändert sich aber nix*) seine mickrige Diät erarbeiten. Keine freie Minute, schon morgens um sechs im Plenarsaal und, und, und... .Da wollten die Jugendlichen aber gern wissen, wie er zu so einem harten Job gekommen ist. Noch keine zwanzig war er, sagte Hubert Deittert, da ist er bei der Jungen Union eingestiegen. Tja, und die haben dann damals wahrscheinlich mitgeholfen, die St. Johanniskirche zu bauen.

Sie müssen nicht glauben ich würde immer alles verstehen, was ich schreibe. Im Gegenteil, schöner ist es doch, wenn man sich hinterher selbst wundert, was rausgekommen ist. Langsam aber sicher sollten wir uns jetzt von der Kunst und Kulturschiene verabschieden, bevor ich noch ins Schwärmen gerate. Hier also etwas zum Abgewöhnen ...

Ein Amt für Sehenswürdigkeit

März 1999

Neulich hatten wir Besuch aus Übersee. Ja, auch drüben gibt es wichtel-verwandte Wesen. Nun beschäftigt mich die Frage: Was macht man mit dem Besuch? Man will den Leuten schließlich was bieten!

Gut, obligatorisch sind das Erklimmen der Ravensburg und der Rundgang um die Haller Kirche. Tja, und da hört es auch schon irgendwie auf. Da trifft es sich gut, daß der Besuch nach diesem halbstündigen Außenprogramm vom ostwestfälischen Regen bereits so die Schnauze voll hat, daß er von einem weiterem Besichtigungsprogramm selbst Abstand nimmt.

Doch was machen die Einheimischen, die schon seit Jahren auf den Biergarten im Haller Herzen warten, deren Initialen alle Zinnen der Ravensburg schmücken? Was können die sich noch anschauen? Die Antwort ist einfach und simpel: Das neue Kreishaus in Gütersloh, diesen wahren Tempel der Verwaltung.

Augenscheinlich ist es eines der architektonisch wertvollsten Gebäude der Kreisstadt. Kein Wunder, war ja auch so recht billig nicht, und Gütersloh ist bisher aus gutem Grund in kaum einem Reiseführer erwähnt.

Das dürfte sich aber bald ändern, hat doch die Kreisverwaltung den Service der Führung durch das Gebäude eingeführt. Gleich 15 Mitarbeiter wurden hausintern dafür geschult und vermögen jetzt Interessierten in einer anderthalbstündigen Führung alles Sehenswerte zu zeigen. Natürlich könnte man das auch in vier Minuten tun, aber man ist schließlich in der Verwaltung. Hinterher gibt es, na klar, noch Kaffee.

Warum allerdings ein Extraservice daraus gemacht wurde, bleibt mir schleierhaft. Jeder, der auf'm Amt zu tun hat, man kennt das, wird sowieso die komplette Hausführung machen. Allerdings sollte jeder, damit sichergestellt ist, daß man auch alles künstlerisch Wertvolle gesehen hat, einen Laufzettel erhalten.

Bleibt eigentlich nur noch zu klären: Gilt der Service auch am Wochenende, um der wirklich arbeitenden Bevölkerung einmal die Möglichkeit zu geben, zu sehen, wie schön ihre Steuermark angelegt wurde?

Kommen wir nun zu einem gänzlich anderen Thema: Sport. Im Altkreis, und hier besonders in Halle, ist natürlich Tennis angesagt. Doch außerhalb dieser Grenzen regiert König Fußball.

Der Ball ist rund!

Juli 1996

Alle wissen, König Fußball regiert dieser Tage die Welt. Die Europameisterschaft in England schlägt den gesamten europäischen Kontinent in den Bann der schwarzweißen Lederkugel. Auch die heimischen Regionen werden vom kugeligen Symbol der Macht beherrscht. So sind die Arminen nach unendlich langer Zeit wieder in die erste Bundesliga zurückgekehrt (*Ein ewiges auf und ab!*).

Ungestüme Freude bei den Bielefeldern! Daß auch die Arminenfans den bundesdeutschen Vergleich nicht scheuen und der Konkurrenz standhalten können, bewiesen sie schon bei den Aufstiegsfeierlichkeiten auf dem Bielefelder Klosterplatz. Da wurde so ziemlich alles zusammengeschlagen, was nicht niet- und nagelfest war. Ja, man freut sich halt auf die großen Gegner, nicht nur in den Reihen der Sportler. Doch sollte man hier nicht die Gütersloher vergessen, die sensationellerweise den Sprung in die zweite Liga geschafft haben. In Zukunft stellt sich die Frage, wo man seinen Samstagnachmittag verbringt, im Heidewaldstadion oder auf der Alm. Auf letzterer wird es zumindest hoch hergehen und neben schönen Spielzügen wird man vielleicht auch so manche gut geschlagene Schlägerei sehen können. Also, ich hab' meine Dauerkarte schon!

König Fußball regiert also die Welt. Die ganze Welt? Nein, ein kleines Dorf, oh, Städtchen am Südhang des Teutoburger Waldes leistet erbitterten Widerstand. Sie wissen, welches gemeint ist. Was soll man auch schon daran finden, wenn 22 erwachsene Männer sich gegenseitig mit einer Lederkugel beschießen. Es ist doch viel besser, wenn sich nur zwei erwachsene Männer einen kleinen Filzball um die Ohren hauen. Das leuchtet doch wohl ein! Überhaupt ist Fußball viel zu profan, da zählt man einfach die Tore: „Eins, zwei, drei"; seltener kommt es zu vieren und weiter als bis zehn braucht man eigentlich nie zu zählen.

Beim Tennis ist das anders: Da kommt erst die 15, dann die 30, dann die 40, so richtig schön kompliziert. Wissen Sie, warum das so ist? Nein? Sehen Sie, Sie sind also auch so ein proletenhafter Fußballgucker. So ist das. Tennis hat einfach ein bißchen mehr Anspruch. Oder haben Sie schon einmal einen Fußballfan mit 500 Mark teurem Sommerhut gesehen? Nein, natürlich nicht. Tennis ist schließlich nicht für jedermann geeignet. Man trinkt nicht Bier, sondern Champagner, jahaa, so sieht das aus. Aber Sie wohnen sicherlich auch nicht in Halle. Hier hält der Fußball keinen Einzug, hier kämpft man erbittert gegen die lederne Gefahr und verteidigt sich bis zum letzten Stück Filz. Viele kleine Filzbällchen lagen dementsprechend dieser Tage wieder in den Schaufenstern der Haller Geschäfte aus. Ja, man zeigt, was man hat. Auch wenn es wahrscheinlich kein Auswärtiger sehen wird - es sei denn er ist falsch abgebogen und fährt einmal rund um das Haller Herz, wie die Eingeborenen die Ansammlung von einigen, ungefähr sieben, Fachwerkgebäuden um die Kirche nennen. Halle macht sich wirklich attraktiv für die vielen Tennisbegeisterten, die ins Gerry-Weber-Stadion pilgern, obwohl es in den Vorjahren vielleicht mehr waren.

Überall hängen die „Herzlich Willkommen"-Plakate und Spruchbänder - ja, wenn man da nicht gerne einkehren möchte; nur wo? Einige der wenigen Besucher, die einen Parkplatz bekommen und die Haller Innenstadt selbst im Bummeltempo in 5,37 Minuten durchquert haben, stellen sich vielleicht die Frage, was Halle zu bieten hat? Die Antwort: Man kann Planwagen fahren! Jahaa, Halle macht's möglich.

Nun aber Spaß beiseite. Halle hat wirklich einiges zu bieten, so beispielsweise das besagte Haller Herz, das Haller Museum im Haller Herz und die Kirche im Haller Herz und natürlich den altertümlichen Stadtkern von Halle. Alles nahe beisammen und leicht per Fuß zu erschließen.

Eine weitere Attraktion im Süden Halles wird demnächst wahrscheinlich ausgebaut: Die Kompostanlage. Nicht mehr läppische 35.000 Tonnen Kompost soll die Anlage in Zukunft ver- und bearbeiten, sondern 100.000 Tonnen. Jahaa, so geht's. Wenn das keine Attraktion ist. Und das beste: Es soll nicht mehr so stinken wie vorher. Gut, das liegt natürlich auf der Hand. Also nehmen wir mal ein einfaches Beispiel zum Vergleich: Zehn Kilo Kompost stinken. Hundert Kilo Kompost stinken noch mehr, aber nicht zehnmal soviel wie zehn Kilo Kompost, sondern, nehmen wir an, nur fünfmal so stark. Also stinken die zehn Kilo Kompost bei hundert Kilo Kompost einhalbmal soviel, als wenn sie alleine stinken würden. Fazit: Es stinkt im Endeffekt weniger. Nämlich nicht zehnmal so stark wie zehn Kilo Kompost, sondern nur wie hundert Kilo Kompost, also in unserem Beispiel nur fünfmal so stark. Die zehn Kilo stinken also weniger als vorher. Alles klar?

Dann lassen Sie mal den Ball rollen, egal ob Leder oder Filz. Aber wehret dem Fußball und den Anfängen. Denn wer sponsort doch gleich die Trikots der Arminen-Mannschaft?

Sie haben es mit Sicherheit gemerkt, die Zeiten ändern sich. Weder die Kompostanlage ist noch in Betrieb, noch steht das Gerry-Weber Logo länger auf den Trikots der Arminen. Auch die Musik hat sich seit jener Zeit verändert und längst ist „Who the f... is Alice?" nicht mehr in den Charts vertreten. Warum sollte es auch? Der nächste Beitrag sorgt für Aufklärung.

Ein heißer Herbst
Oktober/Jan 1996/97

Ja, meine Herrschaften, es ist soweit, der Sommer geht zu Ende. Eben noch standen einem der Schweiß und die Sonne im Gesicht, während man sich frisch erholt und gebräunt im Stau einer Bundesautobahn nach Hause quälte, und schon setzt sich der Sommer ab. Fast zeitgleich mit der Heimkunft verschlechtert sich das Wetter und dabei versichern einem die Daheimgebliebenen noch, daß man in den vergangenen Wochen hier einen Traumsommer gehabt habe und daß es im Süden nicht hätte schöner sein können.

Nun, man hat trotzdem eine schöne Zeit am Strand verbracht, auch wenn das Protzen mit dem eigenen, im Urlaub erworbenen Bräunungsgrad in diesem Jahr unter den Tisch fällt, da selbst der Nachbar auf seiner heimischen Terrasse eine ähnlich starke Hautverfärbung erreicht hat.

Um so schöner ist es zu erfahren, daß sich hier ansonsten nichts, aber auch gar nichts verändert hat. Nicht, daß man sich nicht bemüht hätte, aber so schnell ändert sich nichts an und in Ostwestfalen. Um so größer ist das Erstaunen, wenn man von einem Axel Schlüter hört. Who the f... is Axel Schlüter, (Übers.: Wer zum f... ist Axel Schlüter?), werden sich nun einige fragen.

Axel Schlüter ist, ja, wer ist er überhaupt? Ach ja, er ist Vorsitzender der IGKB. Nein, die IGKB ist keine Splittergruppe des russischen Geheimdienstes, sondern die Interessengemeinschaft Künsebecker Bürger. Und sie vertreten die Meinung: Wer nicht A sagt und auch nicht B, der sollte schon gar nicht C sagen, denn C ist die Umgehungsstraßenvariante um und durch Künsebeck. Mit politischem „Feingefühl" und der Sicherheit, mindestens die Mehrheit der Künsebecker Bürger auf seiner Seite zu haben (Herr Bossi denkt ja auch, alle Norditaliener wollten sein Pandanien), hat er es geschafft, daß öffentliche Interesse an seiner Person mehr als genug zu wecken. So auch das meine! Richtig amüsant ist allerdings seine Idee für einen Kindermalwettbewerb anläßlich des Künsebecker Weihnachtsmarktes. Das Motto „Negative Auswirkungen der Umgehungsstraße", in der Vorweihnachtszeit immer wieder gern genommen, hätte mich seinerzeit wohl eher peripher tangiert, ist heute unseren politisch engagierten Grundschulkids aber geläufig und bestens bekannt. Auswirkungen wie Smogglocke über Künsebeck (graues Bild) und Massenverkehrsunfall mit mehr als dreihundert blutenden Verletzten (rotes Bild) können auch von den jüngsten Teilnehmern ohne größeren Aufwand dargestellt werden.

In die engere Wahl der Jury kommen aber nur detailfreudigere Zeichnungen, hier sollten dann einzelne, bei einem Verkehrsunfall abgetrennte, Gliedmaßen dargestellt sein. Es wird der Jury der IGKB mit Sicherheit nicht leicht fallen, das schönste Bild zu küren, um es dann auf dem Weihnachtsmarkt auszuzeichnen. Alles in allem auch eine wunderbare Geschenkidee für das nahende Weihnachtsfest; selbstgemalte Bilder unter dem Weihnachtsbaum: Oma, Opa, Onkel oder Tante, alle werden sich über ein kleines Meisterwerk des Familiennachwuchses sicherlich freuen.

Sie wissen, der Haller Ortsteil Künsebeck ist besonders durch den gleichnamigen Karnevalsverein bekannt. Deshalb wundert mich die Narretei allenthalben nicht. Zum Narren gehalten wurden auch die Hörster eine sehr lange Zeit, zumindest was ihren Sportplatz betrifft. Da half auch die Initiative des FDP-lers Folker Dewald nicht, der sich für einen Kunstrasenplatz einsetzte.

Liberale „Kunst" für Hörste?

November 1998

Wie lange mag es wohl schon her sein? Ich muß gestehen, trotz meiner zahlreichen Wichtel-Lebensjahre kann ich mich kaum entsinnen, wann zuerst davon gesprochen wurde, einen neuen Sportplatz in Hörste zu bauen.

Fieberhaft wird nach Lösungen gesucht, und wenn es nach den Hauptakteuren, den Sportlern, gehen soll, muß ein Rasenplatz her. Die Zeiten der sagenumwobenen „Schlackeschlacht", dem schon fast legendären heimischen Handballturnier, scheinen also gezählt. Doch nun, nachdem ein Grundstück gefunden ist, der Verein sich auf den heißersehnten Rasenplatz freut und alles seinen geregelten Gang gehen könnte, erhält man Rat, aber immer noch kein Geld von der Politik.

Folker, mit F, Dewald, Politiker der Haller FDP und Lehrer, weiß was und zwar was besseres: Kunstrasen! Ja, genau, Kunstrasen. Auch in der Farbe rot erhältlich, was die farbliche Umgewöhnung an den neuen Platz erleichtern würde. Folker, mit F, Dewald ist schließlich Experte auf dem Sportrasengebiet. Immerhin begleitete er seit Anbeginn der Gerry Weber Open das Tennisturnier als Kopf des Planenteams. Er ist also bestens mit allen Fragen rund um Grün und Plastik vertraut.

Apropos, ist der Rasen auf dem sich ein Becker rollt eigentlich auch Kunstrasen? Wohl kaum, man erinnere sich nur an die ramponierten Plätze der letzten GWO, die schon nach den Trainingseinheiten eher den Charakter eines Sandplatzes(!) hatten. Ist das gar ein Grund für die „Balsam"-Pleite?

Aber das sind Überlegungen, die den Hörstern wohl ziemlich egal sein dürften. Sie würden sich schließlich auch schon mit ganz normalem Rasen zufrieden geben. Hauptsache, der Ball rollt endlich. Gewartet haben die Sportler der TG schon lange genug.

Die letzten drei Häppchen dieses Nachtisches haben Bildung in sich. Schuldebatten waren im Altkreis stets das Salz in der politischen Suppe und seit der Gesamtschuldiskussion in Pium und Werther pochten auch andere Gemeinden auf neue Bildungsanstalten.

Her mit der neuen Penne!

Dezember 1998

Die Bildung liegt danieder, hingestreckt vom maroden Schulsystem. Aber es wird wieder gekämpft an der Bildungsfront. Schon sind die ersten Schritte zur Qualitätssicherung, wie man es so schön nennt, gemacht: Der Sold für Referendare wurde gekürzt, gleichzeitig der „bedarfsdeckende Unterricht", auch ein Wortgebilde der „political correctness", eingeführt.

Also weniger Kohlen für mehr Job am Klienten; oder wie nennt man Schüler heute? „Monster" ist übrigens auch eine übliche Bezeichnung. Spaß beiseite! Es wird schon eine Menge getan, um das allgemeine Bildungsniveau in Deutschland wieder zu erhöhen. Auch in heimischen Gefilden spürt man diesen frischen, ich möchte mal sagen, Luftzug. So will man in Steinhagen ein neues Gymnasium errichten. Das ist der rechte Weg. Ein neues Gymnasium, daß bedeutet mehr Abiture - das ist tatsächlich der Plural - und somit mehr Abiturienten, folglich mehr schlaue Leute.

Überdies haben die Steinhagener Schüler ansonsten kaum Möglichkeiten, die allgemeine Hochschulreife abzulegen. Höchstens in Halle, aber wer möchte seinem Sprößling das schon antun; in Werther vielleicht noch, soll auch ein bißchen einfacher sein und privat dazu. In Versmold ist es natürlich auch möglich, aber zu weit weg; Harsewinkel, Bielefeld, nur als Notlösung! Die neue Gesamtschule? Holla, beinahe schon vergessen, aber Abitur hat die auch im Programm. Schnickschnack, alles Mumpitz! Ein neues Gymnasium muß her, keine Frage!

Gut, die Nörgler werden wieder sagen: „Das kostet aber!" Alles kein Problem, wenn man die alten Hauptschulen „losschlägt". Pium, Werther, Versmold, Steinhagen, Halle, da reicht doch eine! Die pfeifen doch alle auf'm letzten Loch, bei einigen hat's sich schon ausgepfiffen. Bestimmt bleibt da noch was übrig, und damit wird die notwendige Renovierung der Heizungsanlage im Haller Kreisgymnasium finanziert, schließlich fehlt dafür, wie kürzlich verlautete, noch Geld.

Wenn dann immer noch nicht alles ausgeben ist, schlage ich die Anschaffung neuer Europakarten vor, damit die Schüler endlich den Beweis haben, daß Deutschland tatsächlich nicht mehr geteilt ist.

Anscheinend werden also immer mehr schlaue Kinder geboren; das macht von der Evolutionsseite her betrachtet auch Sinn. Doch wie würde eine Gesellschaft aus „Schlauen" aussehen? Würde überhaupt noch jemand bei diesen Steuersätzen arbeiten? Nein! Aus diesem Grunde versucht man via Fernsehen die totale VV (Volksverdummung) zu erreichen. Anführer dieser Verschwörung ist Kai Pflaume. Das nur zur Warnung!

So, jetzt aber zurück zum Anfang 1999, damals gab es einen Vortrag von Dr. Elmar Wienecke, der sich auch, zumindest am Rande, mit Kindern und Schlauheit befaßte.

Trinkt Euch schlau, oder was?
Februar 1999

Ja, meine lieben Freunde, da bin ich mal wieder. Jetzt, da die Gipfel unseres schönen Mittelgebirges des öfteren mit immensen Mengen Neuschnees bedeckt sind, treibt mich die allerorten herrschende Lawinengefahr immer öfter ins sichere Flachland.

Frisch herabgestiegen von den Höhen des Teutoburger Waldes erfährt man allerhand Neuigkeiten und Wissenswertes. Es ist ja auch eine Menge los hier im Herzen der Republik, wie ich unsere heimatliche Region neuerdings des öfteren spaßeshalber nenne.

So war doch kürzlich von der Stadtschulpflegschaft in die Haller Realschule zu einem Aufklärungsvortrag eingeladen worden. Dr. Elmar Wienecke von der berühmten „Saluto Gesellschaft" sprach dort zum Thema „Trockenes Hirn denkt nicht gern". Recht hat er. Auch Götz George hat ähnliches erkannt, frei nach dem Motto: Lieber trocken trinken als trocken feiern. Das ist zwar nicht ganz dasselbe, geht aber doch in die gleiche Richtung.

Aber Spaß beiseite. Schüler sollten während des Unterrichts ruhig öfter mal zur Trinkflasche greifen dürfen, das erhöhe die Konzentrationsfähigkeit. So lautete einer der fachlichen Tips. Recht so. Selbst wenn sich die kleinen Nervenbündel nämlich nicht besser konzentrieren können, sind sie zumindest während des Trinkens erst einmal ruhig, denke ich mir.

Mindestens zweieinhalb Liter Flüssigkeit sollen die kleinen Racker am Tag trinken. Ja, da müssen sie tatsächlich schon im Unterricht anfangen, sonst schaffen sie es ja gar nicht! Und überhaupt: Zweieinhalb Liter! Ich glaube, es gibt nur ein Getränk, das überhaupt in solchen Mengen verkonsumiert werden kann: Bier. Gesund ist das in derlei Dosierungen nicht.

Vielleicht hilft es aber doch und die deutschen Schüler trinken im internationalen Vergleich einfach zu wenig. Daran muß es liegen. Überhaupt: Mehr Trinken im Unterricht würde ganz neue Möglichkeiten und Dimensionen des Sponsorings in Schulen... Aber das ist wohl schon einen Schritt zu weit.

Deshalb: Bis hierher und nicht weiter

Zum Abschluß nun noch ein kurzes Stück über das Haller Gymnasium, daß sich entsprechend der neuen Ansprüche, die an Schule gestellt werden, um ein Schulprofil kümmerte. Schulprofil ?! Das bedeutet übrigens nicht, daß sich etwas im äußeren Erscheinungsbild des imposanten Schulgebäudes ändert. Aber lesen sie selbst:

Eine Schule auf Erfolgskurs
September 1999

„Nicht für die Schule, sondern für das Leben lernen wir." Nun, das nette Aperçu ist natürlich falsch. Falsch, falscher, am Falschesten! Richtig ist es nämlich genau umgekehrt: „Non vitae, sed scholae discismus", um es in den Worten des guten Seneca zu sagen. Ja, der hatte schon damals erkannt, wie der Hase läuft.

Die Tatsache, daß ich hier den originalen Wortlaut wiedergebe, möge den letzten Zweifel daran ausräumen, daß ich mein Wichtelabitur erfolgreich bestanden habe. Interessant war es da in den vergangenen Tagen zu erfahren, was das sogenannte Schulprofil des Kreisgymnasiums Halle erbracht hat. 300 Fragebögen waren an Ehemalige versandt worden; 104 kamen zurück und das, obwohl der Schulverein das Porto übernommen hatte. Keine Antwort kann auch eine Antwort sein!

Zur Überraschung aller erbrachte das aus den Antworten gewonnene Profil nicht nur die kurze Formel „Beton", wie man vielleicht zunächst vermuten sollte. Die attraktive Bauweise der schicken Vorstadtschule legt gerade bei Durchfahrenden und Reisenden die Vermutung nahe, die Abkürzung KGH stehe für Kreis Gefängnis Halle. Sicherlich ist es auch für manchen Schüler die wohl passendere Auflösung der

Abkürzung. Dabei bleibt unklar, für wen es eine Besserungsanstalt ist, für sie selbst oder die Lehrer?

Unter dem (neuen) Kap'tain Giesselmann weht anscheinend ein frischer Wind über den Schulhof. Schulprofil. Das hat es doch früher nicht gegeben. Längst ist es nicht das einzige, was sich am KGH änderte. Dabei liebt der neue Mann neben blumigen Reden zu jeglichen Anlaß auch das Theater, besonders mit einer Rolle für sich selbst, in der schuleigenen Aula von seinen Schülern umringt. Das sind fotogene Szenen.

Aber auch wenn das Leben eine Bühne ist, nur mit „Theaterspielen" wird man das Angesicht einer Schule nicht verändern können. Als nächste Maßnahme soll das Gespräch zwischen Schülern und Lehrern gesucht werden. Daran, daß sich die beiden Gruppen zu wenig sehen, kann es ja nicht liegen, oder???

Teil II

Wir in Europa!

Auch der Ravensberger Wichtel konnte sich nicht den weltpolitischen Geschehnissen entziehen. Besonders die Europapolitik und die Politik Europas gaben immer wieder Anlaß zu Mißmut und Verstimmung. Auf diese Weise entstand eine kleine Sammlung von Beiträgen aus dem Blickwinkel des Ostwestfalen im Herzen Europas auf den restlichen Superorganismus.
Keine Frage, die Regelungswut der „Eurokraten" war das erste Thema:

„Wer jetzt keine Lehrstelle hat, der findet keine mehr ..." oder: Der Weg nach Europa
November 1996

Ja, man möchte am liebsten den Kopf in den Sand stecken und ihn erst im nächsten Frühjahr wieder herausziehen und das auch nur, um ihn nach dem Blick auf die Bundesligatabelle, mit Arminia auf dem letzten Platz, direkt wieder zu vergraben. Allerdings sollte man sich zuvor versichern, daß man in einem solchen Fall eine angemessene Lohnfortzahlung erhält.

Die Chance dafür ist ungefähr so hoch, wie die Wahrscheinlichkeit, daß Helmut Kohl jemals an Magersucht leiden wird, Theo Waigel am Weltspartag ein Präsent erhält oder Norbert Blüm die Deutsche Basketballmannschaft zum Weltmeistertitel führt. Ziemlich gering also. Nicht, daß hier die Ballfertigkeit eines Norbert Blüm angezweifelt werden soll, aber mittlerweile beurteilen weite Teile des Wahlvolkes die Fähigkeiten von Politikern eher skeptisch. Erst kürzlich konnte man in der Zeitung über den neuesten Normerfolg der EU lesen, in diesem Fall aber wohl eher ein Mißerfolg. Nachdem Bananen und Gurken und allerlei anderes Gemüse mit sinnvollsten Normgebungen für die Europäische Idee fit gemacht wurden, so daß in Zukunft der Deutsche in Spanien eine italienische Banane kaufen kann, die genauso aussieht wie die des Franzosen, der sie während der Fahrt nach England in Holland kaufte, wurde bei Steckern kein gemeinsamer Nenner gefunden. „Gut", werden sich die EU-Beamten gesagt haben, „wir haben soviel schöne Normen gemacht, da kommt es auf diese nun nicht an." Recht haben sie! Wir haben Eurobanane, Eurogurke, wozu also Eurostecker?

Sicher, man kann sich in Spanien vielleicht nicht mit seinem elektrischen Rasierer rasieren, in Frankreich vielleicht nicht sein Radio anschließen und in Italien funktioniert der Ventilator nicht, weil der Stecker nicht paßt. Aber wenn Sie dann irgendwo in Europa stehen, unrasiert, ohne Musik und schweißgebadet, dann werden Sie erkennen, daß alle Bananen gleich krumm sind. Und, ist das etwa nichts? Natürlich ist das nichts.

Durch die Europäische Einigung gibt es nicht nur in dieser Hinsicht Probleme. Vor allem der Fall BSE zeigte deutlich die Schwächen des geeinigten Europas auf. BSE; drei Buchstaben, die sich im wahrsten Sinne des Wortes ins Hirn gebrannt haben. Obwohl, bis zum heutigen Tage weiß ich nicht, was diese Abkürzung eigentlich bedeutet, nur eins, es geht um Hirnerweichung. Und wenn es um Hirnerweichung geht, gut, da ist der Ravensberger Wichtel immer ein kompetenter Ansprechpartner gewesen:

Das kollektive Vergessen oder Fleisch auf Europareise

September 1997

Wohl dem, der schon frühzeitig auf Grünzeug umgestiegen ist. Es gab Zeiten, da wurden Vegetarier als skurril und Veganer als außerirdische Lebensform eingestuft. Heute ist das anders, aber wer kannte früher schon den Namen Jakob Creutzfeld? Nicht, daß Vegetarier gesünder leben würden; Sojaprodukte sind auch nicht mehr das, was sie vor radioaktiver Bestrahlung und Genmanipulation waren. Aber sie können später noch viel bewußter gegen den Krebsschmerz ankämpfen als Fleischesser.

„Das ist nicht jedermanns Sache", werden Sie jetzt sagen, aber am Ende kriegt man halt doch noch mehr mit. Gerade mit dem Vergessen ist es in Deutschland ja so eine Sache, da wird doch immer gegen angekämpft. Also frage ich mich schlußendlich, warum werden die Fleischtransporte nicht besser überwacht. Wenn man hört, daß selbst in Versmold nicht näher identifiziertes Rindfleisch - also aus England stammendes? - verarbeitet wurde, bekommt man es doch mit der Angst zu tun. Daß die fleischliche Hirnerweichung nun sogar in geographisch greifbare Nähe rückt, ist echt nicht mehr lustig. Solange nur Steaks und Burger auf der Insel aus frischem „Seuchenhack" gemacht wurden, war es einem wirklich egal, aber jetzt - wird es einem vielleicht bald mehr als egal sein.

Und das alles nur wegen der ganzen EU-Geschichte, offene Grenzen und so: Die Engländer bringen ihr Fleisch nach Irland, dann wahrscheinlich nach Holland und zu diesem Zeitpunkt ist das Fleisch auch schon nicht mehr „english", sondern durch und durch europäisch. Da die Holländer uns eh nicht mögen, ist schon jetzt klar, wer das Zeug im Endeffekt kriegt. Dann geht's erst einmal nach Belgien, bei denen existiert so etwas wie Strafverfolgung im engeren Sinne sowieso nicht; am besten noch über Spanien, da wird englisches Fleisch nämlich erst so richtig schön rosigrot. Und irgendwann landet das Ganze dann als Wurst aus „Deutschen Landen" (natürlich mit Sojazusätzen) auf dem heimischen Teller. Tja, und dann ist es zu spät.

Aber so richtig schlimm kann es auch wieder nicht sein, sonst würde doch auf jeder Wurst das Etikett „Die EG-Gesundheitsminister: Rindfleischessen verursacht Hirnerweichung" zu finden sein. Übrigens: Der Verkauf und Genuß von Wurstbroten sollte vorsorglich in Schulen und Jugendzentren sowie im Umkreis von 150 Metern verboten werden. Natürlich würde die Fleischindustrie Sturm laufen, aber andererseits: Wer dreht uns denn die verseuchte Wurst an? Die fleischverarbeitende Industrie ist nicht Opfer, sondern Mittäter. Kein Unternehmen wird gezwungen, billi-

ges, nicht ordnungsgemäß deklariertes Fleisch zu verarbeiten.
Also, guten Appetit, und vergessen Sie nicht, ähhmm, hmm..... Ist auch egal!

Ein ohne Frage bedeutendes Ereignis war die offizielle Einführung des „Euro".
Auch hier vermochte sich der Ravensberger Wichtel nicht zurückzuhalten:

Auf nach Euro-Europa!
Dezember 1998

Sie wissen: Der Euro ist jetzt offizielles Zahlungsmittel in unserem Land und
nicht nur hier, sondern auch in anderen EU-Ländern. Welche genau das sind, ist aber
zunächst einmal unerheblich, denn (bar) zahlen kann man mit dem Euro eh noch
nicht.

Allgemein ist man in Deutschland und besonders natürlich in Ostwestfalen gegenüber solchen Neuerungen, die die eigene Kohle betreffen, natürlich besonders
skeptisch. Vielleicht sollte man besser sagen „coals", hört sich gleich ein wenig eu-
ropäischer an - na ja, vielleicht besser doch nicht, die Engländer „euroen" ja nicht
mit...

An dieser Skepsis konnten auch die Fernsehbilder aus Frankfurt nichts ändern:
Vierhundert Statisten, die ein orgastisches Euro-Fähnchenschwenken praktizieren,
können die deutsche Fernsehnation schon gar nicht beeindrucken

Immerhin wollen die Leute den Anschluß an Europa nicht gänzlich verpassen: Alle sind ganz heiß auf die neuen Euro-Führerscheine, die es jetzt in jedem guten
Straßenverkehrsamt für schlappe 47 Mark (klar, was soll das Amt auch mit Euros?)
gibt (es wären übrigens 24,03 Euro, wenn die Ämtler einen Scheck oder eine Kre-
ditkarte akzeptieren würden).

Wenn man mit dem alten Lappen fährt, ändert sich zwar nichts, man darf nämlich
immer noch fahren, aber die Leute wollen halt dabeisein. Auch die verwirrende Tatsache, daß anscheinend jede Automarke eine eigene Führerscheinklasse hat, tut dem
„Run" auf diesen „Euroschein" keinen Abbruch. Denken denn die Leute, beim nächsten Italienurlaub würde die „Policia" auf die Bußgeldpauschale, die man sich wegen des Überfahrens einer Stoppstraße eingehandelt hat, verzichten, nur weil man
im Besitz dieser Euroführerscheinscheckkarte ist? Wohl kaum. Bezahlung erfolgt
natürlich nicht in Euro, sondern in Lira. „Cash"! Hat man Glück, nehmen die Beamten auch noch Deutsche Mark, allerdings (haltlosen) Gerüchten zufolge nur im
Verhältnis eins zu eins.

Schlimm wird es aber erst, wenn die italienischen Behörden feststellen, daß man
zwar im Besitz einer mustergültigen Fahrerlaubnis ist, die aber leider nicht die passende Führerscheinklasse für das eigene Gefährt hat. Tja, dann hilft einem auch das
wilde Schwenken eines Euro-Fähnchens nichts mehr.

Schließlich war die letzte Europawahl im vergangenen Jahrtausend noch einmal ein
guter Termin ostwestfälische Europa-Skepsis kundzutun:

Allzeit und europaweit bereit

Juni 1999

Große Ereignisse werfen gern ihre Schatten voraus, um später in noch hellerem
Lichte zu erstrahlen. Die europäische Vereinigung ist ein großes Ereignis, und den
Schatten nach zu urteilen, müßte sie einst heller strahlen als eine Supernova.
Drei Wochen liegt die Europawahl schon wieder zurück. Einen Hauch europäi-
scher Euphorie konnte man spüren, als man sich durch den meterlangen Wahlzettel
hindurcharbeitete, nur um festzustellen, daß - wäre man zu Hause geblieben - die
Wahl des Fernsehprogramms sinnstiftender gewesen wäre als das Bleistift-Kreuz-
chen. Wie dem auch sei, die meisten spürten den Hauch erst gar nicht, da sie sich
gleich ihrer Fernbedienung widmeten.
Das ist natürlich besonders bedauerlich, weil es mit dem gemeinsamen Europa
mittlerweile ernst wird. Anfang des Jahres war mit dem offiziellen Tod der Mark die
unwiderrufliche Richtung vorgegeben. Ein Resultat haben wir auch schon: Urlaub
in den USA kann durchaus zu einem finanziellen Risiko werden. Ja, es sind schon
nahezu italienische Verhältnisse. Aber genau das ist er, der europäische „Spirit": Von
allen ein wenig und immer nur das Beste.
Dabei gehören die italienischen noch zu den geordneten europäischen Verhältnis-
sen. Man stelle sich nur britische Verhältnisse vor: Rinder und Royals, und die un-
erträgliche Frage wer wem den Wahnsinn brachte. „Aber, aber", denken Sie sich,
„so schlimm kann es nun auch nicht werden, schließlich ist das gleiche erst mit den
Bayern und später auch mit den Ossis gutgegangen." Die waren aber, verglichen mit
manchen unserer Nachbarn, zumindest moralisch gefestigt.
Also, wenn zum Beispiel in Europa nur ein bißchen belgische Verhältnisse aufkommen, dann verweigere ich jegliche Nahrungsaufnahme. Und die eigenen Kinder
sollte man vorsorglich schon mal anketten, nicht daß die noch wegkommen. Wie
heißt es so schön: Es wächst zusammen, was zusammengehört. Also ich persönlich
möchte mit den Belgiern nicht in einen Topf geworfen werden, was wäre das für eine „Europasuppe"?

Un vor allem: wir wissen alle, wer diese Suppe auszulöffeln hätte!

Das wahre Leben

Zwar war der Ravensberger Wichtel im wesentlichen ein heimatverbundener Zeit-genosse, doch auch anderes, also nicht lokales, hat ihn beschäftigt. Die nachfolgen-den Texte, die ich unter der Überschrift „Das wahre Leben" zusammengefaßt habe, haben mehr oder weniger alles Mögliche und Unmögliche zum Thema. Ich habe dennoch versucht, sie, so gut es geht, Sparten zuzuordnen. Das ist mir natürlich nicht immer gelungen, aber wem gelingt schon alles.

Der Geschlechterkampf

Ein wunderbarer Streitpunkt; das Verhältnis von Männern und Frauen:

Frauen, erkennt die Zeichen der Zeit!
April 1997

Man sollte es kaum für möglich halten, in einer Zeit, in der Castor-Transporte quer durch die Republik rollen, die Renten wackeln, die Gesundheitsreform uns krank macht - mit einem Wort: in einer Zeit, in der die Fäkalien am dampfen sind, da gibt es doch tatsächlich immer noch Leute, die sich für totale Nichtigkeiten des Lebens engagieren. Bürgerinitiativen schießen wie Pilze aus dem Boden; hier eine Initiative und dort eine Gegeninitiative.

Überhaupt sind initiative Initiativen, die von initiativen Initiatoren initiiert werden besonders in. „Bürgerinis", wie der Fachmann weiß, gibt es mittlerweile gegen und für alles. „Jeder Straße ihre 'Ini'!" Und wie schwierig es ist, noch „bürgerini"-freie Nischen zu finden, erkennt man, wenn Menschen den Schutz der Stadttauben initia-tiv initiieren. All das ist vielleicht noch als politische Orientierungslosigkeit, als in-itiierte Individualität, zu entschuldigen. Doch das wahre Elend in dieser Zeit, in der unser Volk von einem riesigen Kohl ins nächste Jahrtausend geführt wird, ist der Kampf der Geschlechter.

Und dieser Geschlechterkampf - vom Mann nicht gewollt, von der Frau gekämpft - findet seinen alljährlichen Höhepunkt am internationalen Frauentag. Dann locken alle GleichstellungsbeauftragtenInnen ihre MitkämpferInnen mit tollen Angebo-tenInnen. Da gibt's: Frauenfrühschoppen mit Frauen-Jazz-Kapelle, Frauenkaffee und Klosterfrauen-Melissengeist; Frauenkabarett - das entgegen dem typischen (Männer-)Kabarett auch wirklich nicht witzig ist; Höhepunkt am Abend ist dann die Frauenfete, bei der frau ganz Frau sein kann, denn Männer gibt es auch dort nicht. Wobei man(n) sich hier immer fragt, was macht frau da? Ist die frauliche Ange-wohnheit, immer zu zweit die Porzellansammlung zu besichtigen, mittlerweile schon die Vorstufe zur ultimativen Frauenparty?

Vorurteile und Fragen, die man(n) niemals bestätigen und beantworten kann, denn Männer sind auf solchen Veranstaltungen unerwünscht. Bleibt nur zu hoffen, daß auch diese Frauen die Zeichen der Zeit endlich erkennen und sich auf die wirklich wichtigen Dinge des Lebens besinnen: Kohlsuppe kochen.

Und zum Zweiten:

Immer Ärger mit der Fügung
Januar 1999

Heute muß ich mich einmal eines Themas annehmen, das an dieser Stelle schon längst überfällig war: Frauen, Männer und das ewige Mißverständnis.

Ja, ja, auch wir Wichtel sind keine asexuellen Wesen. Wobei, schlecht wäre es ja nicht! So aber befindet man sich immer auf der Suche nach einem (einer) passenden Lebensabschnittsgefährten (-gefährtin), wie man es so schön nennt. Oder, man hat ihn (sie) schon gefunden, was die Sache aber nicht unbedingt einfacher macht, im Gegenteil, meist fangen die Probleme dann erst richtig an.

Ist man also durch göttliche Fügung oder sonstige Umstände in die Sparte „Hetero" eingeteilt worden und will man seiner biologischen Fortpflanzungspflicht nachkommen, so trifft man zwangsläufig auf das andere Geschlecht. Sicher, auch sonst trifft man auf diese andere Form menschlichen Daseins, aber der normale Alltag ist eher von einer friedlichen Koexistenz geprägt.

Die Frage, die sich aufdrängt, lautet: Passen denn Frauen und Männer überhaupt zusammen? Viele werden aus ihren eigenen Erfahrungen zum Schluß kommen: Nein, auf keinen Fall, die Unterschiede sind einfach zu groß. Also nicht der kleine Unterschied, der ist ja meist tatsächlich nicht allzugroß! Es ist irgendwie mehr mental.

Bisher mag es noch nicht aufgefallen sein, doch bin ich verständlicherweise einseitig vorbelastet. Nun, die Intellektuellen dieser Erde werden mich um die Erkenntnis beneiden, aber: Frauen denken anders als Männer. Das ist der Grund, warum nie ein Mann die Frage „Was denkst du denn gerade?" wirklich verstehen wird. Und nie wird eine Frau die wahrheitsgemäße Antwort darauf akzeptieren - gut, zugegeben, „Bier" ist halt auch nicht immer die beste Antwort.

Trotzdem diese Frage und ihre Beantwortung ist der Prototyp des Mißverständnisses zwischen den Geschlechtern. Wie sollen wir Männer je verstehen, warum Gott uns die Rippe nahm und eine Frau daraus bastelte? Einen Fußball, ok. Eine Flasche Bier, fein. Aber eine Frau?

* * *

Der Zeitgeist

In dieser Sparte finden sich einige Stücke, die sich um Dinge aus und in Gesellschaft bekümmern. Die Überschrift „Zeitgeist" erscheint vielleicht intellektuell etwas zu hoch gepokert. Trotzdem, ich finde sie paßt ganz wunderbar und sowieso, irgendwie ist alles Zeitgeist.

Zunächst erinnere man sich an den Kometen „Hale-Bopp", in dessen Schweif so mancher den Weltuntergang und entsprechend auch seine persönliche Rettung vermutete:

Hoffen wir also auf den nächsten Kometen...

Juni 1997

Tatsächlich, es ist schon wieder ein Monat um, und es ist immer noch nichts passiert. Ja, ja, ja, auch ich hatte alle meine Hoffnungen auf Hale-Bopp gesetzt, der aber hat sich, ohne mein Leben ordentlich umzukrempeln, schon wieder aus dem Staub gemacht.

Dabei habe ich mich doch noch einmal durch alle drei Star-Wars-Teile gekämpft und mir eine schicke Trekki-Uniform zugelegt, um für eventuelle UFO-Reisen gewappnet zu sein. Aber nichts, zack, peng, bumm; kein UFO, kein Weltuntergang, und Hale-Bopp ist schon wieder Lichtjahre entfernt. Vielleicht wird es ja 1999 etwas mit dem Weltuntergang, also von mir aus, ich habe nichts dagegen. Danach kommt der Euro, dann ist - glaubt man einigen „Experten" - sowieso alles vorbei. Renten gibt's dann auch nicht mehr, und das Benzin wird auch immer teurer. Und noch ein Jahrtausend mit einem schwarzen Riesen, also nein, wirklich nicht!

So ein Weltuntergang wäre an sich ja schon eine richtig coole Sache. Sie wissen genauso gut wie ich, so kann es nicht weitergehen. So nicht! Schauen Sie sich nur das Fernsehprogramm an. Nicht genug, daß inzwischen anscheinend jeder sprechende Schimpanse eine eigene Show hat. Was ist man heute schon ohne eigene Fernsehshow??? Nein, auch das abendliche Krimiprogramm wird jetzt von Schwachsinn durchsetzt: „Schwanger zum Sex gezwungen" - also bitte, was ist denn das für ein Titel? Das hört sich ja fast so eklig an wie saure Gurken mit Ketchup. Da greift doch auch keiner freiwillig zu.

Aber sie müssen selbst wissen, was sie sich anschauen, und ich mache auch niemandem einen Vorwurf daraus, daß er sich in Anbetracht anderer Alternativen solche Sachen 'reinknallt. Wissen Sie eigentlich, wie es Thomas Gottschalk schafft, immer noch eine solche Lockenpracht auf seinen Kopf zu zaubern? Sehen Sie, ich auch nicht, aber irgendwann muß man diese Frage einfach stellen.

Anläßlich des Konzertes der Kelly Family im Gerry-Weber-Stadion ließ sich der Ra-
vensberger Wichtel zu den folgenden Zeilen hinreißen:

Keine Familie zum Knutschen
September 1998

Also beim besten Willen, eine Familie zum Knutschen ist die Kelly Family nun beileibe nicht. Ihh, baahh! Es gibt allerdings Leute, die behaupten, die Kellys würden auf einen uralten Stamm von Wichteln zurückgehen, die irgendwann einmal vom Teutoburger Wald hinab auf Hausboote umgestiegen sind. Ich möchte dies an dieser Stelle noch einmal auf schärfste dementieren: Kellys und Wichtel sind nicht vom gleichen Schlage. Wie denn auch? Also mir wäre es äußerst unangenehm, wenn mir ständig die Kinder anderer Leute nachreisen würden, egal wo es mich hinverschlägt. Das da die Eltern aber auch nichts sagen. Also wenn meine Sprößlinge solchem Schmuddel hinterherrennen würden - dann würd' ich denen aber mal den Kopf waschen, aber wirklich. Aber was soll man auch erwarten? Schließlich sind es dieselben Leute, die an einem Tag ihre Sprößlinge vor den Toren des Gerry Weber Stadions abladen, nur um einige Tage später wieder dort vorzufahren und ihre Eltern zum lustigen Reigen mit Dieter Thomas Heck abzugeben. Gut, die „Alten" müssen es selbst wissen, was sie sich da antun, doch die jungen muß man warnen! Sonst werden die Kellys noch zum Vorbild. Und stellen sie sich vor, ein jeder betreibt Familienpolitik wie Vater Kelly. Dann geht's ja zu wie bei den Karnickeln und vor lauter Hausbooten könnte man kein Wasser mehr sehen. Ich bitte Sie, behüten sie ihren Nachwuchs vor diesem Schicksal und entsorgen sie ihre Altkleider!

Das war doch mal ein kurzes Stückchen, praktisch ein kleiner Aperitif, der Lust auf
mehr gemacht hat. Da trifft es sich gut, daß der jährliche Kinobesuch anstand. Der
„Soldat James Ryan" versprach ein kurzweiliges cineastisches Meisterwerk zu sein:

Knutschen mit der Artillerie
November 1998

Der beständige Regen hat die Geschicke am Südhang des Teutoburger Waldes gelähmt. Ein Gutes hat dieser Umstand, bleibt doch dann einem armen Wicht(el) wie mir die Zeit, einmal die heimatliche Hemisphäre zu verlassen und sich in der Großstadt zu vergnügen.

Ein Kinobesuch ist genau das Richtige für diese trostlosen Momente und da scheint der neue Streifen von Altmeister Spielberg gerade recht zu kommen. Der Soldat James Ryan, so versprechen die Kritiken, ist auch tatsächlich lohnenswert. Das sollte er auch sein, schließlich verheißt der Eintrittspreis schon ein Wunderwerk der Filmgeschichte.

Kaum hat man mit seiner gerade noch erstandenen Popcorn-Ration Platz genommen, rieselt auch schon die halbstündige Werbung auf einen nieder. Endlich kündet eine großformatige Amerikaflagge vom beginnenden Epos. Und schon schlägt das Dolby-Sorround-System mit aller Gewalt zu, während sich die Alliierten gerade zum französischen Strand begeben. Doch nicht ein Picknick ist der Grund für diese Strandpartie, sondern der D-Day.

Während ich also gerade ins Gemetzel eintauche, fällt mir doch glatt ein Popcorn aus dem Mundwinkel auf die saubere Hose. So eine Sauerei! Auch ein Soldat auf der Leinwand hat Pech, er verliert seinen Arm. Doch wie Brüder im Geiste findet er seine Extremität und ich mein Knabberzeug wieder. Schon geht's weiter, und nachdem der anfängliche Schrecken vorüber ist, steigt auch die Stimmung auf den hinteren Rängen. Gelächter brandet auf und macht es mir nahezu unmöglich, den interessanten Dialogen zu folgen. ... Wie im Kindergarten hier, naja, ist ja auch frei ab 16... .

Während der romantischen Nachtwanderung im Artillerieschein, fängt doch glatt das Pärchen vor mir eine etwas längere Knutscherei an. Schade, bekommen sie doch so gar nicht mit, wie einer der Guten in den Armen seiner Kameraden verblutet. Ich hab' kein Popcorn und die Jungs keine „Muni" mehr. Jetzt stirbt auch noch der Hauptdarsteller, drei Stunden und noch nicht einmal ein Happy End. Nun gut, zum Schluß gibt es noch einmal „Stars and Stripes", wenigstens etwas.

Jetzt aber raus hier, sonst kriegt man ja keinen Platz mehr in der Kneipe. Alles in allem ein schöner Film, aber leider so realitätsfern, hatten doch die „deutschen MG-Schützen" vergessen, ihre Zielvorrichtung hochzuklappen, wie amerikanische Militärspezialisten richtig bemerkten.

* * *

So Tage im Jahr ...

Es gibt eine Reihe von Ereignissen, die jedes Jahr wiederkehren, beispielsweise Ostern und Weihnachten. Vielleicht scheint es auf den ersten Blick nichts besonderes mit diesen Fixpunkten des Jahres auf sich zu haben, schaut man aber genauer hin, kann man sich als ordentlicher Wichtel auch in diesen Fällen zu einigen Zeilen inspirieren lassen.

Der Volkstrauertag ist ebenfalls ein solcher Tag im Jahr, der nicht zuletzt ob seiner Ursache schon einer kritischen Betrachtung verdient. Ich gebe zu, ein nicht ganz unheikles Thema:

Mahnwachen am falschen Ort

November 1997

Einen wunderschönen guten Tag, wünsche ich. Gerade stecke ich meine Zwergennase in den kalten Oktoberwind, als mir - potzblitz - einfällt, daß es bald schon wieder soweit ist. „Wie? was? wann?" ‚werden Sie fragen. Also: Am 16. November ist Volkstrauertag. Der Tag, an dem das Volk trauern sollte. Warum für mich kleinen Wicht dieser Tag eine solche Bedeutung hat? Nun, eigentlich hat er für mich keine sonderliche Bedeutung.

Bei einigen Menschen ist das anders. Die einen stehen morgens, das Ritterkreuz geputzt, an einem der vielen Kriegerdenkmäler und gedenken ihrer gefallenen Kameraden. Dann gibt es zweitens diejenigen, die zu jung sind, um im Krieg gefallene Kameraden zu haben, aber trotzdem gerne trauern möchten. Und schließlich gibt es drittens welche, die zwar nicht trauern möchten, aber trotzdem an einem kalten November-Sonntagmorgen draußen an einem Kriegerdenkmal stehen, zusammen mit den anderen: Die wollen mahnen.

Mahnen und trauern paßt eigentlich immer gut zusammen, hier aber nicht. Warum nicht? Der Anlaß für die „Mahnung" ist der kleine Song eines lange, sehr lange verstorbenen Liedermachers: „Das Lied vom guten Kameraden", geschrieben 1809. In diesem Lied geht es um zwei Soldaten, der eine wird erschossen, der andere überlebt. Und wenn „Full Metal Jacket" ein Antikriegsfilm ist, ist dieses Lied auch ein Antikriegslied. Leider sehen das viele Menschen nicht so, sonst würde nicht in jedem Jahr aufs neue ein Streit um diese wenigen Zeilen entstehen.

Viele machen ihre Trauerbereitschaft vom „guten Kameraden" abhängig, das läßt erkennen, wie ernst sie es wirklich mit ihrer Trauer meinen. Noch heißt es Volkstrauertag und nicht „Volksmahntag". Diejenigen, die wirklich um gefallene Kameraden trauern und das streitbare Lied intonieren möchten, sollen das ruhig tun. Sie sind wahrscheinlich die einzigen, die tatsächlich trauern. Um wen oder was auch immer?

Nach so viel Kritischem tut es ganz gut, wieder ein etwas fr(eier)es Stück geboten zu bekommen. Diesmal steht das Osterfest und seine Bräuche im Mittelpunkt.

Zwergenaufstand im Vorgarten

April 1998

Na, haben Sie Ostern gut überstanden? Ich schon. Ostern ist bei uns Wichteln immer ein großes Fest, so mit richtig vielen Schokoladeneiern, Schokohasen und so weiter, und so fort.

Das wirklich tolle ist, uns kostet das keinen Pfennig. Denn das mit Ostern läuft bei uns so: Morgens, also noch bevor der ostwestfälische Hahn vom Morgenrot künden kann, machen wir Wichtel uns auf den Weg und steigen die paar Meter vom Teuto hinunter in die Dörfer. Dort durchkämmen wir dann die Vorgärten. Sie glauben gar nicht, wie viele naive Eltern schon am Abend vorher, wenn die junge Brut in den Federn verschwunden ist, die Eier im Garten verstecken, um dann morgens gemeinsam mit den Kindern aufzustehen und, oh Überraschung, nach kurzer Suche doch tatsächlich Osterpräsente im Garten zu finden. „Das kann doch nur der Osterhase gewesen sein, wo wir doch alle tief und fest geschlafen haben", heißt es dann.

Jetzt stellen sie sich mal das Geschrei und Gezeter vor, wenn wir schon dagewesen sind. Die ganze Familie pirscht durch den Garten, und kein einziges Ei ist mehr da. Meist verraten sich zuerst die Mütter: „Wilhelm, ich hab' Dir doch gesagt, Du sollst die Eier nicht so schwer verst... upps." Dann schnallt auch das blödste Blag irgendwann, daß es an diesem Osterfest nichts zu naschen kriegen wird und macht entsprechend einen Mordsradau.

Schließlich läßt sich der bis dahin die Situation nicht realisierende Vater zum folgenschweren Einsatz von großen Suchgerät überzeugen. Innerhalb zweier Stunden kann jeder Vorzeigegarten von einem wütenden, eiersuchenden Vater mit Hacke und Schaufel vernichtet werden. Ich sag' Ihnen: köstlich, wirklich köstlich, da schmecken die gemopsten Eier gleich doppelt so lecker.

Zum Schluß möchte ich Sie aber noch auf aktuelles Thema hinweisen: Den Krötenschutz. Gerade in diesen Tagen ist auf unseren ländlichen Straßen wieder allerlei liebestolles Kriechtier unterwegs, das sich nun wirklich absolut nicht an jegliche Verkehrsregel hält. Wenn Sie aktiver Verkehrsteilnehmer sind, kennen Sie ja das Problem. Natürlich auch die Folgeerscheinungen, wie beispielsweise die häßlichen Glibberspritzer am Lack und auf der Felge oder die schrillen Schreie der jungen Mutter von gegenüber, wenn ihr kleiner Sprößling in ungebrochener Sammelleidenschaft die zehnte platte Krötenmumie von der Straße gekratzt hat und stolz nach Hause bringt.

Deshalb möchte ich Sie bitten: Nehmen Sie ein wenig Rücksicht auf die schwächsten Verkehrsteilnehmer. Extremsportarten wie der Breitreifen-Matsch-Wettbewerb bergen auch ein persönliches Risiko. Denn Reifenhändler warnen: Bei zu hoher Lurchbelastung wird die Griffigkeit des Reifenprofils auf ein Minimum herabgesetzt.

Opfer seiner Lüste - Eine Lurchmumie auf einer Straße im Altkreis

Ja, manchmal geht auch bei uns Wichteln einiges durcheinander. Welcher Teufel mich damals ritt und was schlußendlich der Krötenschutz mit Ostern zu tun hat, ist mir heute auch ein Rätsel. Im folgenden Jahr hatte ich mich zu gegebener Zeit wieder dem Osterfest gewidmet. Diesmal allerdings näherte ich mich von einer ganz anderen Seite den traditionsreichen Festtagen...

Aber bitte ohne Rauch
April 1999

Es gibt einige Marken im Jahr, die einem immer wieder vor Augen führen, wie schnell die Zeit vergeht. Eine solche Marke ist beispielsweise Silvester, der Tag, an dem man sich jedes Jahr aufs neue das vornimmt, was man schon im vergangenen Jahr nicht halten konnte. Oder der eigene Geburtstag, an dem man schmerzlich daran erinnert wird, daß die Zeit zwar nicht rastet, man selbst aber stetig rostet.

Auch die Osterfeiertage zählen zu diesen bedeutungsschweren Tagen. Zusätzlich haben sie aber einen mythischen Beigeschmack: Während morgens Hasen durch die Lande hoppeln und überall bunte Eier verteilen, werden abends allerorten Feuer entfacht, an denen sich Horden von Menschen versammeln. Als ich noch ein Wichtelkind war, hatte es dieser Tag für mich wirklich in sich, und noch heute bin ich fasziniert - auch wenn ich mittlerweile festgestellt habe, daß ich keine Eier im Garten finde, wenn ich sie nicht selbst verstecke.

Zum Osterfeuer zieht es mich immer wieder hin, auch wenn sich hier die Zeiten verändert haben. Ganz, ganz früher waren diese Feuergeschichten immer noch mit Fruchtbarkeitsritualen und anderen neckischen Späßen verbunden. Dem ist heute nicht mehr so, im Gegenteil, es scheint mir, daß diese alte Tradition nahezu vor der Austilgung steht.

Zunächst einmal muß heutzutage jedes Feuer angemeldet werden; damit fängt es schon an. Aber, bitte schön, nicht zu viele. Verbrennen darf man übrigens keinen Abfall und schon gar nichts, was irgendwie raucht. Also nichts, was nicht die Jungs vom Grünen Punkt oder andere Entsorger in irgendeiner Form in ihrer Verbrennungsanlage zu Geld machen können.

Nach der ordnungsbehördlichen Anordnung der Kommunen, wie man in Deutschland so schön sagt, sind das nur pflanzliche Abfälle. Na ja, wie man gesehen hat, scheinen Kompostanlagen nicht richtig gut zu laufen. Wozu zahlt man die ganzen Müllgebühren und muß letzten Endes noch selber verbrennen. Selbstverbrennungen sollte man übrigens, am Rande bemerkt, gänzlich vermeiden.

Überhaupt, hinterher stinken die Klamotten wieder, für die Umwelt ist es auch schlecht, im Fernsehen läuft das beste Programm des ganzen Jahres, die Augen tränen, meistens regnet's,...

Egal. Im nächsten Jahr bin ich wieder dabei.

Nun, zum Glück gibt es noch das zweite große Kirchenfest, welches auch von uns Wichteln begangenen wird: Klar, Weihnachten. Und von den Vorbereitungen auf das Weihnachten erzählt die folgende Anhäufung von Zeilen:

Auf zum Extremweihnachting
Dezember 1998

Bald ist es wieder soweit. Während draußen das Wetter vor sich hin schmuddelt, hält in unseren Stuben die Wärme des nahenden Weihnachtsfestes Einzug.

Das ist daran zu erkennen, daß sich urplötzlich ein kerzenbewehrtes Gestrüpp auf dem Tisch befindet. Der Adventskranz ist neben dem Lichtzauber in Nachbars Garten - man könnte denken, dieser verfüge über eine Standleitung zum nächsten AKW - ein untrügliches Zeichen für das nahende Fest der Liebe. Die Gedanken kreisen in diesen Tagen immer wieder um Familienangehörige und Freunde: Was schenke ich jenem? Und muß ich auch diesem was kaufen?

Die Vorfreude auf das Fest der Feste hat seinen Höhepunkt dann erreicht, wenn man sich am verkaufsoffenen Sonnabend in die Innenstadt wagt. Wochenlang geplante Einkaufsstrategien werden nutzlos, wird man von den Menschenmassen zum drittenmal in die CD-Abteilung geschwemmt. Selbst für Oma hat man dann schon ein musikalisches Bonbon erstanden, zu dumm eigentlich nur, daß ihr das zugehörige Abspielgerät - Verzeihung: der „Player" - fehlt.

Besser ist es da, man schließt sich der stetig wachsenden Gruppe der „Last-Minute-Käufer" an. Das sind die wahren Einzelkämpfer im Konsumkrieg: Es ist Heiligabend, es sind noch zwei Stunden und sie haben nicht ein Geschenk. „Extremweihnachting" heißt das bei Insidern: Besser als „Bungee", tollkühner als „Branding", nichts für schwache Nerven. Genau das richtige also für Ostwestfalen wie mich. Es ist der alte Jagdinstinkt, der da in einem erwacht.

Und abends, im Widerschein des offenen Feuers, versammelt unter dem großen Baum, teilt man dann die Beute mit seiner Sippe. Ja, unsere Vorfahren hatten es richtig gut, die hatten jeden Tag Weihnachten.

* * *

In meinem Garten ...

Das Leben an den Hängen des Teutoburger Waldes hat etwas von Vorstadtidylle, in der NACHBARSCHAFT ganz, ganz groß geschrieben wird. Verfolgt man mal über einen Sommer was einem so in dieser Idylle alles passiert, kommt man vielleicht zu ganz ähnlichen Erlebnissen und Ansichten, wie sie hier in den folgenden drei kleinen Beiträgen geschildert werden:

Nachbarschaftlicher Sommer
Mai 1999

Hat das Thermometer den Zehnerraum verlassen, so ist dies in unseren Breiten ein untrügliches Zeichen für den nahenden Sommer. Schon locken erste Sonnenstrahlen den unbedarften Wichtel nach draußen, um ihn mit einem Sonnenbrand erster Klasse zu begrüßen.

Gleichzeitig mit dem sich bessernden Wetter wird auch das gesellschaftliche Leben aus dem Schutz sicherer Mauern hinaus ins Freie - in die Gärten - getragen. Eine zum Gruß erhobene Hand, aufmunternde Worte; Zeichen, daß in diesem Stadium die nachbarschaftliche Koexistenz noch in Ordnung ist.

Doch schon bald ist in Anbetracht der Vorgänge jenseits der eigenen, leider oft nicht ausreichend dichten, Grundstücksbegrenzung Skepsis geboten. Während man selbst noch im Kampf mit dem anpflanzungszersetzenden Unkraut steht, hat der Nachbar zur Linken seinen Garten, ökologisch sinnvoll, in eine heimische Kräuterwiese verwandelt.

Rechter Hand hat es Familienzuwachs gegeben: Ein riesiger Rottweiler dreht seine Runden im Gartenquadrat. Er ist übrigens der einzige „Nachbar", der einen den gesamten Sommer hindurch „freundlich" grüßt, schon wenn man nur eine Nasenspitze aus der Tür steckt. Dafür schafft er es aber mit einer Präzision, die man dieser Tierart gar nicht zugetraut hätte, irgendwie immer, sein Geschäft gerade nicht in seinem Revier zu erledigen.

Wie dem auch sei: Sein Herrchen ist gerade dabei, seinen ganz eigenen Traum zu verwirklichen. Dazu wurde eines jener gemauerten Grillgeräte mit neckischem Schornsteinchen, dessen Aufgabe es ist, die Grillgerüche gebündelt in die Umgebung abzugeben, aufgebaut. Mit nahezu siebzig Würstchen in der Stunde ist die Leistung dieses Grills enorm. Da wundert es nicht, daß man selbst Vegetarier und der Nachbar zum Versorger sämtlicher Sportvereine geworden ist. Das wiederum verkürzt allen Beteiligten die sommerlichen Nächte.

Spätestens dann recke ich zum nachbarschaftlichen Gruß nur noch die Faust. Seit allerdings feststeht, daß der dritte Nachbar im Bunde seine sportlichen Ambitionen in diesem Jahr auf den Schießsport ausgedehnt und eigens eine „Luftgewehrschießbahn" angelegt hat, ist auch diese Form der Kommunikation gestorben.

Sie sehen: Sie sind nicht allein!

Kommentieren muß ich diese Zeilen wohl nicht! Also viel Spaß mit den nächsten ...

Gartenkampf gegen die Talpa
Juni 1999

Neulich habe ich mal wieder unsere Anverwandten besucht: die Gartenzwerge. Nun, wie sollte es anders sein, sie sind die absoluten Gartenfreunde, was heißen soll: Niemand mäht seinen Rasen mit soviel Inbrunst, auch Greenkeeper Phil Thorn nicht. Und der wird immerhin dafür bezahlt.

Diese unsere Verwandten wurden jetzt vom Gartenfeind Nummer eins heimgesucht. Jeder Kleingärtner weiß wer er ist, in Gartencentern flüstert man seinen Namen, er ist ein Geschöpf der Dunkelheit, er ist das „jüngste Gartengericht": Er ist Talpa europaea, der „gemeine" Maulwurf, 110 Millimeter geballte Zerstörungskraft.

Doch wir vom Wichtelgeschlecht haben noch nie einen Kampf gescheut. Mutig und entschlossen nahmen denn auch meine Verwandten die Herausforderung an. Dabei stellte sich bei einer eigens gestarteten Telefonlawine heraus, daß es eine Reihe von sicheren Methoden gibt, eines Maulwurfs Herr zu werden. Die Anwendung moderner Technik - schließlich wollte man dem armen „Mauliwürfi" nicht unbedingt wehtun - schien angebracht. „Ultraschallsonden" im Erdreich sollten den Gegner zum Verlassen desselben bringen, brachten aber nur die Katze zum Ausflippen. Was egal war, denn sie hatte als natürliches Bekämpfungsmittel eh' schon versagt.

Also dann, er wollte es schließlich nicht anders: Giftköder. Doch auch diese tangierten Talpa äußerst peripher und kotaminierten nur das Erdreich für die nächsten Jahrzehnte. Selbstschußfallen ließen nachts die Nachbarschaft aufschrecken, führten aber sonst zu nichts. Auch das Vergraben verschiedenster „Antimaulwurfsmittel" wie Schnappfallen, Knoblauch, faule Eier und so weiter brachten zwar den Rasen zum Verwelken, stoppten aber den Arbeitseifer des Gräbers nicht. Und die zweitägige Gartenwache der mit Spaten bewehrten Familienmitglieder war nur für die Nachbarn ein großer Lacherfolg.

Schließlich aber drehte Talpa, wohl vom Gelächter angelockt, zu den Nachbarn ab. Seither ist wieder Ruhe eingekehrt. Tja, die Maulwurfsjagd ist keine leichte Sache. Aber irgendwie müssen sie doch zu kriegen sein, nicht umsonst stehen sie unter Naturschutz.

So sinnvoll kann man seine Freizeit gestalten. Ich selbst sah für mich noch größere Gestaltungsmöglichkeiten, wie beispielsweise den heimischen Motorsport:

Männer mähen einfach besser
Juli 1999

Mit dem Sommer hat auch in diesem Jahr wieder die „Formel Mäher"-Saison begonnen. Die außerordentliche Härte dieses Motorsports macht ihn zu einer der letzten sportlichen Männerdomänen. Und in Zeiten von Frauen-Fußball-Weltmeisterschaften ist es wohl die einzige Möglichkeit, noch einmal ganz Mann zu sein.

Dabei muß ich gestehen, daß ich in diesem Jahr beinahe den Saisonauftakt verschlafen hätte. Während ich also am Sonnabendmorgen, so gegen halb neun, noch brav und ruhig meinen „Matratzenhorchdienst" verrichte, auf gut Deutsch gesagt, mich gerade in der Tiefschlafphase mit 20 jungen Honululu-Girls auf Hawaii vergnüge, schrecke ich mit einem Mal hoch.

Tatsächlich höre ich in diesem Moment das erste Motorengeräusch eines Rasenmähers aus der Nachbarschaft. Und bevor ich überhaupt das Bad erreicht habe, sind schon mindestens vier weitere Mähsysteme im Einsatz. Ein Blick aus dem Dachfenster bestätigt meine schlimmsten Befürchtungen: Nahezu alle Piloten sind schon auf dem Grün und wie ich sehe, sind bereits die T-Shirts abgelegt.

Nun, was soll ich sagen, bevor ich den eigenen Mäher aufgetankt und startklar habe, liege ich schon gut 20 Quadratmeter zurück. Schlauerweise habe ich aber die Winterpause genutzt und mein „Baby" etwas auf Vordermann gebracht. Während zur linken noch der Elektromäher durch den Garten hustet, als ob er Asthma hätte, mit 130 Kilo halbnackten Nachbarfleisches hintendran (das wirklich Asthma hat), reiße ich die Startleine. Satt gluckert mein Einzylinder vor sich hin: Chromlackierung, automatische Höheneinstellung, doppelschneidiges Mähmesser, 120 Liter Fangkorb, Leichtmetallfelgen aus der Raumfahrt: „Der Pathfinder" unter den Rasenmähern.

Während ich so, die Nase in der öligen Luft, meine Runden mit besten Zeiten drehe, was soll ich sagen, fährt bei den neu zugezogenen Nachbarn glatt einer dieser Traktormäher aufs Gelände. Das allein ist schon ein grober Regelverstoß. Aber auf dem Sitz! Eine Frau und dann noch nicht mal brustfrei. Wo ist da der sportliche Gedanke? Also, für mich ist die Saison jedenfalls gelaufen: Erst Fußball und jetzt das Mähen, wo soll das nur enden? „Schumi, hab' acht!", kann ich da nur sagen.

Das wirklich Schlimme ist, für die letzten drei Texte brauchte ich mir fast nichts ausdenken!

Trendsport

Trendsportarten wurden von mir allenfalls stiefmütterlich behandelt, obwohl es mittlerweile eine Reihe von interessanten Varianten gibt. Ich stelle hier zwei Texte vor, die sich, nun ich möchte mal sagen, eher klassischen Sportarten widmen. Dabei ist anzumerken, daß beide Sportarten in den vergangenen Jahren meines Wissens recht populär geworden sind. Hier nun das Golfspiel ...

Spielen Sie etwa kein Golf?!
Februar 1999

Meine Damen und Herren, erinnern Sie sich? Als der Mann aus der Nutella-Werbung noch über den heiligen Rasen rollte, daß die deutsche Fernsehnation kalt erschauerte vor Wonne: Bumm Bumm Boris, ein deutsches Idol. Wenn man heute in seine treuherzigen Augen blickt, möchte man am liebsten seine eigenen Sprößlinge mit der Nougat-Creme stopfen, bis sie platzen.

Nach Boris kam Steffi und zusammen bescherten sie dem Tennissport in Deutschland einen Boom, wie ihn wohl kaum eine andere Sportart erlebt hat. Wo man sich ehedem den dioxinverseuchten Ascheplatz nur mit einigen anerkannten Clubmitgliedern teilen mußte, standen plötzlich Hunderte in unschuldiges Weiß gekleidete Freiwillige bereit, die Weltrangliste zu stürmen. Grüne Flächen wurden zu roten und kaum ein Dorf, welches nicht über mindestens vier Plätze verfügt.

Doch die goldenen Zeiten sind vorbei. Geblieben sind die Tennisplätze, die Live-Übertragung jeglichen Tennisspiels, das Stadion vor der Haustür und natürlich die Feststellung, daß Tennis ein Allerweltssport ist.

Zeit also, sich ein neues Rückzugsgebiet zu schaffen: Golf. Der neue Sport der Schönen und Reichen. Zumindest der Reichen, denn die Aufnahmegebühr kann schon mal den Gegenwert eines Kleinwagens verschlingen. Dafür heißen im „Golfverein" die Vorsitzenden auch nicht Vorsitzende, sondern Präsidenten. Da alle irgendwie dasselbe Handicap haben, avanciert das Clubleben zur Selbsthilfegruppe, in der das Tragen von Karohosen zur Pflicht wird. Man ist eben unter sich und zwar gerne.

Doch Vorsicht, längst werden Golfplätze auch in Deutschland immer häufiger. Die allgemeine Globalisierung macht auch vor diesem Sport nicht halt. Immerhin ist in anderen Ländern der Golfsport ein Volkssport, Aufnahmegebühren sind tatsächlich Gebühren und keine finanziellen Risiken. Und Karohosen werden dahin verbannt, wo sie hingehören, nämlich in den Karneval.

Also meine Damen und Herren, richten sie sich demnächst schon einmal auf einen kleinen Sportartenwechsel ein. Crocket erscheint mir durchaus eine Alternative zu sein. Ist das nicht fast wie Tennis?

Ja, das war lustig! Doch hier geht es gleich weiter, und zwar mit dem Radsport.

Frankreich ist wirklich überall
August 1999

Wenn mich an einem schönen sonnigen Sonntag die Lust packt, setz' ich mich einfach in meinen Junggesellenschlitten und fahr' durch die ostwestfälische Bergregion, um zu schauen, „was so geht." Nach der brütenden Hitze der vergangenen Tage ist unser heimatliches Fleckchen Erde richtig rissig geworden, so lange hat sich kein Regentropfen mehr hierhin verirrt.

Wenn man dann so im Auto sitzt, hat man das Gefühl, im Urlaub zu sein und durch Südfrankreich zu kutschieren. Einzig und allein das fröhliche „Tach" des Tankwarts, das sich nicht im entferntesten wie das verdrießliche „Bonjour" eines Franzosen anhört, läßt einen schlußendlich doch aufatmen und feststellen, daß man es auch dieses Jahr wieder geschafft hat, seiner geliebten Heimat nicht den Rücken zu zukehren.

Während ich so meinen Beitrag zum steigenden Ozonwert leiste und dabei mindestens den zwanzigsten Fahrer des Teams „Deutsche Telekom" überhole, wird das Gefühl, als Begleitfahrzeug der „Tour de France" durch die französischen Voralpen zu fahren, immer stärker. Beim Anblick einer radelnden Durchschnittsfamilie - Mutter, Vater und zwei Sprößlinge - auf Sonntagstour, kann man schon mal in Moderatorlaune verfallen. Immerhin hat die Mutter das Gelbe Trikot, gefolgt vom Vater in sattem Grün, was ihn - in welcher Disziplin auch immer - als schnellsten Sprinter auszeichnet. Auch die beiden Telekom-Nachwuchsfahrer in vollem Dreß halten sich gut und können so manche Bergwertung vor den Eltern für sich entscheiden.

Dabei habe ich mir sagen lassen, daß die engen Radlerhosen doch Hodenkrebs verursachen sollen. Nun, für die Radlergruppe weiblicher Weight-Watchers, die ich nun vor mir habe, stellt sich diese Gefahr nicht, weshalb sich die elastischen Höschen bei ihnen besonderer Beliebtheit erfreuen - und bei mir einen traumatischen Zustand hervorrufen.

Besonders schlimm allerdings sind die Extremsportler unter den Radprofis, die sich, aus welchen Gründen auch immer, nicht auf die ausgebauten Radwege trauen und statt dessen den Nervenkitzel eines lebenden Verkehrshindernisses suchen. Na, die Fahrradfahrer sind ja auch fein raus mit ihren bunten Sturzhelmen. Und unsereins? Nur Fahrer- und Beifahrerairbag.

Na dann: „Merci" (die kommt wenigstens aus Halle).

* * *

Der Rest

Tapfer, tapfer, lieber Leser! Jetzt haben Sie es bald geschafft, nur noch der Rest und dann ist gut. Vielleicht zum Durchhalten ein paar „Frühlingsgefühle"; ein sehr früher Ravensberger Wichtel, der anläßlich des Weltklimagipfels in Berlin 1995 entstand.

Frühlingsgefühle
Mai 1995

Ja, der Frühling nähert sich unaufhaltsam: Sonne, Wärme, Grün. Und während man jetzt und hier bei seiner samstäglichen Lieblingsbeschäftigung, dem Autowaschen, seine Gedanken schweifen läßt, spürt man die ersten Frühlingsgefühle aufkommen. Sicher, der abstruse Winter steckt einem noch in den Gliedern und dann diese Überflutungen im Oderbruch. Nun gut, immerhin haben wir im Altkreis noch keine nassen Füße bekommen. Doch: Glücklicherweise haben sich alle Politiker im vergangenen Monat zum Weltklimagipfel in Berlin getroffen, um Petrus mal ordentlich Bescheid zu geben. Dann kann jetzt endlich wieder die Sonne scheinen. Hoffentlich aber nicht so stark, wie im vergangenen Jahr, da hatte man ja ruckzuck einen Sonnenbrand weg. Ob das mit diesem Ozonloch zu tun hat? Ach was, das kann nicht sein, wäre das wirklich gefährlich, hätten es die Politiker doch schon längst gestopft. Und dann die Aufregung wegen des CO_2, das angeblich die Erdatmosphäre erwärmen soll. Da kann man nur sagen: „Na und, hier ist es eh zu kalt!" - Ah, da hat sich doch schon wieder eines dieser Vogelbiester auf meinem Auto verewigt, wenn ich das Vieh erwische... . Das kriege ich doch nicht mehr streifenfrei zum Glänzen. So... Jetzt strahlt es wieder sauber - Wo war ich? Ach ja, da behaupten doch einige Leute, ich würde mit meinem stubenreinen, vierrädrigen Freund, die Umwelt verpesten. Alles Quatsch! Nur mal gut, daß sich hier im Altkreis noch nicht die Ökopropheten durchgesetzt haben und die A33 jetzt nun doch irgendwie gebaut werden soll. Vielleicht! Zumindest nicht unwahrscheinlich! Oder doch (nicht)!? Egal! Wenn'se nun gebaut wird, die Autobahn, dann immerhin für unsere Zukunft, für unsere Kinder und Kindeskinder und natürlich fürs Gemeinwohl; und nicht zu vergessen für unseren Wirtschaftsraum, das ist schließlich kein Naturpark hier. Und in zwanzig, dreißig oder was weiß ich wieviel Jahren, wenn alle Rohstoffresourcen verbraucht sind und es kein Benzin mehr, dafür aber die A 33 gibt, werden meine Kinder die Autobahn schon zu nutzen wissen, auch ohne Auto. Und sie werden mir - vielmehr uns - ganz bestimmt dankbar sein. Auf jeden Fall werden sie es wärmer haben als wir, allein schon wegen der Klimaerwärmung - Und was kann man Kindern mehr geben als Wärme?

Im folgenden Beitrag verarbeitete ich das Erlebnis: Anruf beim Amt! Eine typische Situation, die Tausende tagtäglich durchmachen.

Unbeweglich stehen die Sümpfe
Dezember 1997

So, jetzt geht's endlich dem Ende zu. Ist auch nicht mehr mit anzusehen, wie dieses Jahr (und dieses Land) vor sich hinsumpft. Da rührt sich augenscheinlich nichts mehr.

Daß unser aller Kanzler sich nicht bewegt, außer natürlich beim Spaziergang am Wolfgangssee, muß nicht unbedingt allein etwas mit seiner Körperfülle zu tun haben. Es könnte - das wähnen jedenfalls vorwiegend unsere Oppositionspolitiker - auch daran liegen, daß unser aller Helmut nichts mehr bewegen kann. Und wir haben uns so langsam an das ganz normale Aussitzen aller Beteiligten gewöhnt. Sitzen, Sitzen, Sitzen! Soviel Beharrungsvermögen kann ein kleiner, flinker Wichtel wie ich nicht verstehen.

Auch etliche der menschlichen Behörden bewegen sich nur langsam, wenn überhaupt. Sollten da einige Menschen erkannt haben, daß sie ihr Geld bekommen, auch wenn sie nichts tun? Oder - anders gefragt: Daß sie ihr Geld nur bekommen, wenn sie nichts tun?

Was ich meine, wissen Sie, wenn sie einmal nachmittags um zwanzig nach vier auf einem Amt anrufen. Da passiert nichts mehr. Gar nichts mehr. Und wenn man einmal, die Finger blutig vom Drücken der Wahlwiederholungstaste, im Laufe eines Vormittags jemanden erreicht hat, dann wird man mit Sicherheit wild durch alle Abteilungen geschaltet. Das wäre an sich nicht schlimm, aber die Warteschleifen sind mit immer den gleichen nervtötenden Melodien ausgestattet. Und wenn zum einhundertzwanzigsten Male „Jingle Bells" ertönt, kann man sich sicher sein, daß man über einer der zahlreichen Kaffeepausen in der Leitung vergessen worden ist. Und das bei den Tarifen der Telekom zur Hauptgeschäftszeit: ein echtes, finanzielles Risiko.

Ich möchte meinen, auch im nächsten Beitrag dem einem oder anderen aus der Seele zu sprechen. Es geht um Zahnärzte, genauer um die AG „Zahngesundheit", die sich seinerzeit formierte:

Ade, ihr lieben Gummibärchen?
Januar 1998

Gott zum Gruße, liebe Freunde! Eine Frage: Kennen Sie ihn? Kennen Sie den Zahnschmerz? Dieses beklemmende Gefühl? Dieser Schmerz, der sich gleich einem rostigen Nagel seinen Weg durch unsere Zahnzeilen hinein in das weiche Innere unseres Kopf bahnt?

Natürlich - wer kennt ihn nicht. Und beim Barte des heiligen Wichtels, dann kennen Sie auch dieses süffisante Lächeln, dieses zufriedene Grinsen, das sich hinter dem Mundschutz des Zahnarztes erahnen läßt, wenn man sich in die Notfall-Praxis begibt.

Natürlich ist Sonntag und natürlich ist ausgerechnet jetzt dieses kleine Ziepen vom Freitag in eine ausgewachsene Wurzelspitzenentzündung mutiert. Der Behandlungsstuhl fährt in eine denkbar unbequeme Liegeposition und das Gesicht, mit diesen klaren, glücklichen Augen, das sich über einen beugt, gehört zu einem besonderen Schlag Mensch: Zahnärzten. Menschen, die ihre misanthropische Lebenseinstellung zum Beruf gemacht haben; Menschen, die sicherlich so ausgefallenen Hobbys frönen, wie Schrumpfköpfe sammeln und gratispiercen. Um es in einem Wort zu sagen: Zahnärzte eben.

Und bei Zahnärzten gibt es dieses unglaubliche Wort: Prophylaxe. Übrigens eines der wenigen guten deutschen Worte mit y und x (Scrabble-Spieler merken hier auf!). Was Prophylaxe bewirken soll, weiß allerdings keiner so genau. Es gibt Menschen, die putzen sich dreimal am Tag mindestens fünf Minuten lang die Zähne und haben trotzdem ihre festen Behandlungstage in der Woche. Andere lassen sich zur Mundhygiene nur an Sonn- und Feiertagen bewegen und glauben immer noch, Amalgam sei eine Echsenart auf den Galápagosinseln.

Trotzdem gibt es immer wieder Bestrebungen seitens der Zahnärzte zu noch größeren prophylaktischen Aufwand. So gründete sich kürzlich eine Arbeitsgemeinschaft „Zahngesundheit" und forderte: „Das Putzen der Zähne muß ebenso zum alltäglichen Leben gehören wie die Nahrungsaufnahme." Sicherlich eine mehr als ehrbare Forderung, doch in einen kleinen Wichtelgeist wie den meinen scheint eine mögliche Realisation nicht hineinzupassen.

Die Prophylaxe der AG „Zahngesundheit" zielt besonders auf Kindergärten ab. Es sollen Elternabende zum Thema Zahngesundheit durchgeführt werden. Ich will nicht unken, doch für viele Kinder würden Elternabende zum Thema Erziehung mehr positive gesundheitliche Folgen haben. Des weiteren sollen die Kinder durch speziell geschulte Erzieher einen verantwortungsbewußten Umgang mit Süßigkeiten erlernen. Vorbei die Zeiten also, in denen kleine Kinder unschuldige Gummibärchen quälten, nun sollen die kleine bunten Freunde verantwortungsbewußt gemampft werden.

Besonderer Höhepunkt der sogenannten Gruppenprophylaxe dürfte wohl der Kindergartenausflug in die Zahnarztpraxis sein. Genau dieses Ausflugsziel wünschen sich die Kleinen. Schon während der Herr Doktor stolz seine polierten Folterinstrumente zeigt, wird es sicherlich den einen oder anderen kleinen Zappelphilipp nicht mehr auf seinem Platz halten und spätestens bei der Frage: „Na, wer möchte denn mal?" wird sich der schöne Ausflug in Geschrei und Panik auflösen.

Neben „EXPO 2000" gibt es eine weitere Namensschöpfung aus Buchstaben und Zahlen, die man in den vergangenen Jahren vermehrt zu Kenntnis nehmen konnte: Agenda 21. Nicht zu verwechseln übrigens mit der Agenda 2000, die es ja auch noch gibt! Agenda 21; was ist das überhaupt und was geht uns das an?

Rio kommt auch nach Halle
Oktober 1998

Nun ist es auch in Halle soweit. Sechs Jahre nach dem sensationellen Erfolg des Umweltgipfels in Rio 1992 (wir erinnern uns - woran allerdings, das bleibt jedem selbst überlassen) bekommt auch das kleine, bisher wehrhafte Lindenstädtchen die Erfolge zu spüren.

Die „Agenda 21" hält Einzug in unser Leben. „Agenda 21", das ist ein Begriff, den jeder benutzt, den jeder kennt, von dem aber keiner weiß, was er eigentlich bedeuten soll. Es ist auch gar nicht gewollt, daß jemand weiß, was es heißt. Warum auch, würde es doch nur einschränkend wirken.

Grob umschrieben wird es soviel bedeuten wie „Global denken, lokal handeln". Oder „Lokal handeln, aber Global denken". Aber nicht „Global handeln und lokal denken". Was wiederum die Umweltkonferenz in Rio einmal mehr ad absurdum führt. Jeder ist für seinen Müll selbst verantwortlich, heißt es nämlich auf gut deutsch, das Aktionsprogramm für ein Leben im 21. Jahrhundert.

Der Dialog soll gefördert werden, nachhaltiges Wirtschaften, soziale Gerechtigkeit, das ist alles so schwammig, daß selbst Gerhard Schröder dagegen Tacheles redet. Nun gut, wollen wir mal sehen, wie lange die Agenda 21 überdauert. Ob sie es wohl bis ins 21 Jahrhundert schafft? Sie wird von den Kommunen getragen, aber wird sie auch von den Menschen angenommen? Die Frage „Was bringt uns das?" sollte man auf einer Informationsveranstaltung zu diesem Thema lieber nicht stellen. Man will sich ja nicht outen als einer, der nicht global denken kann, als Kleingeist!

Verstehen, wofür man sich engagiert, werden die wenigsten. Aber Hauptsache, man engagiert sich; doch das hätte man schon vorher tun können.

Warum also jetzt?

Ich gebe zu, man kann durchaus sinnvollere Fragen stellen. Außerdem war ich als Wichtel stets bemüht, Antworten zu geben. Aber: Oft ist nicht die Antwort entscheidend, sondern die Frage. Sie sehen, ich gleite etwas in die Philosophie ab, also folgen sie mir jetzt zum „Philosophischen Cafe"

Theenhausener Allotria(lala)
Oktober 1998

Jetzt geht's los im Altkreis. Die Agenda 21, das wissen wir, hat mit Pauken und Trompeten in Halle Einzug gehalten. Neben diesem Tummelplatz lokaler Globaldenker hat sich jetzt ein weiterer Kreis intellektueller Menschen formiert. Unter der Regie des designierten Bildungspapstes des Altkreises, Dr. Josef Klocke, seines Zeichens Volkshochschulleiter, wurde das Philosophische Café ins Leben gerufen. Irgendwo im Niemandsland, zwischen Rotenhagen und Wichlinghausen, die Einheimischen nennen es auch Theenhausen, traf sich der Zirkel jetzt zum ersten Mal.

Gleich zu Beginn wurden die Amateurphilosophen der umliegenden Gehöfte mit großen Gedanken konfrontiert: Prof. Jürgen Freese von der Universität Bielefeld sprach über Wut und Zorn. Dabei kam er zum Schluß, die Philosophie sei ein „Ort der Besinnung und für Allotria". Die Philosophie ein Ort, nun gut, das mag durchaus sein, schließlich gibt es in Frankreich ja auch das Örtchen „Condome", von dem ich bisher ebenfalls immer eine etwas andere Vorstellungen hatte.

„Besinnen" oder „bei Sinnen", das ist bei Philosophen eine Lebensgrundfrage. Aber Allotria? Sensationell! Was für ein Wort, was für eine Bedeutung? Ein Bijou der deutschen Sprache, hier zu einem Bonmot des bibliophilen Sprechers herangereift. Sie merken schon, bei meiner Suche im Fremdwörterlexikon nach der Bedeutung für Allotria, bin ich irgendwie beim „B" gelandet. Aber was tut man nicht alles, um seine eigene Dummheit zu verbergen.

Übrigens: Nutria hat nichts mit Allotria zu tun. Aber warum auch?

Nach soviel geistiger Kost und Köstlichkeiten, hier noch etwas für den kleinen Hunger zwischendurch. Es geht um des Westfalen liebstes Gericht: Die Bratwurst

Pudelsuppe und Katzengulasch
Juli 1999

Was waren das noch für Zeiten, in denen man für schlappe zwei Mark eine ordentliche Bratwurst mit Senf bekam. Heute kostet der Genuß eines Phosphatschlauchs frisch vom Holzkohlerost schon fast einen ganzen Heiermann, praktisch also soviel, wie eine Packung Zichten frisch aus dem Automaten.

Und längst ist man sich als Endverbraucher gar nicht mehr so sicher, welcher von beiden Genüssen die Gesundheit wohl mehr strapaziert. Tatsächlich ist das Essen von Fleisch bei unserer heutigen Versorgungslage ein gesundheitlicher Risikofaktor geworden und der Tag ist nicht mehr fern, an dem die Krankenkassenbeiträge für Fleischesser angehoben werden. Übrigens: Auch ich weiß natürlich, daß Bratwürste nicht grundsätzlich etwas mit Fleisch zu tun haben müssen, auch wenn sie es sollten.

In jedem Falle erscheint es ratsam, sich das Essen gängiger Tierarten abzugewöhnen und auf untypisches Getier auszuweichen. Strauß und Känguruh sind einschlägig bekannt und bieten einen schmackhaften Ersatz. Auch Hund, Katze, Maus sollte man nicht zu voreilig vom Teller schieben; unsere asiatischen Freunde haben hier einige leckere Rezepte parat. Aber angesichts von Pudelkernsuppe und Katzengulasch würde auch ich freiwillig zur Tofu-Partei überwechseln.

Damit es nicht soweit kommt, haben sich Bäcker und Fleischer im Kreis Gütersloh ein eigenes Gütesiegel geschaffen. Mit ihrer Selbstkontrolle wollen sie das Vertrauen ins heimische Nahrungsmittelhandwerk stärken. Dabei sind es gar nicht die lokalen Verarbeiter, die in der Mißgunst der Verbraucher ganz vorne stehen, sondern eher die europäischen Großproduzenten. Und die wiederum haben selbst schon so viele Gütesiegel, daß man vor lauter Güte an gar nichts Schlechtes mehr denken mag.

Sei es, wie es sei, und so ist es ja: Hausschlachtungen waren so schlecht nicht. Immerhin kannte man sowohl den Schlachter als auch den Geschlachteten meist noch persönlich. Und besser geschmeckt hat es sowieso.

Zum Abschluß möchte ich Ihnen, lieber Leser, noch einen Text präsentieren, dessen Titel mehr verspricht, als sein Inhalt hält. Dennoch, er ist einer der letzten Ravensberger Wichtel, die ich je geschrieben habe und der letzte in diesem Buch, also genießen Sie ihn.

Der tägliche Kampf ums Dasein
August 1999

Kennen Sie diese Situation: Es ist zwölf Uhr mittags, es ist Sonnabend, und es ist Sommerschlußverkauf. Es ist sozusagen „high noon" für Schnäppchenjäger, und davon gibt es jede Menge, die wie eine einzig wabernde Masse durch die Fußgängerzone und Einkaufszentren glibbern. Man selbst sind nur in die Innenstadt gekommen, um einige Kleinigkeiten zu besorgen.

Erst vor wenigen Minuten hat man beim Kampf um den begrenzten Parkraum einen dieser widerwärtigen „Smarts" aus der Parklücke dahin gekickt, wo Plastikschrott hingehört, nämlich in den Straßengraben. Und wieder machen einem kleine vierrädrige Vehikel den halben Quadratmeter Standplatz streitig, der einem im Gedränge geblieben ist. Kinderwagen! Warum in aller Herrgottsnamen müssen Mutter und Kind gerade an einem Tag wie diesem ihre Shopping-Tour durchziehen. Ist es, um den Kleinen gleich von Anfang an zu zeigen, was später essentiell ist: Den SSV.

Statt also den Nachwuchs im Grünen der frischen Luft auszusetzen, werden die lieben Kleinen im gesellschaftlichen Vorwärtskommen geschult, als ob sie das nicht früh genug erleben dürften. Tatsache ist, daß sich die Hersteller von Kinderwagen auf diese neue Herausforderung an ihre Produkte eingestellt haben. Alle Kinderwagen scheinen mittlerweile über eine große Bereifung zu verfügen; mit Profil übrigens, was beim Überrollen von frisch geputzten Schuhen neckische Muster hinterläßt. Manche Modelle sollen in der Front mit speziellen spitzkantigen Stoßstangen in Fersenhöhe ausgestattet sein, die einem Beine machen, wenn eine energische Mutter Tempo macht.

Lustig auch anzusehen, wenn sich die gesamte alte Schwangerschaftsgymnastikgruppe zum sonnabendlichen Shoppen verabredet hat und auf ganzer Fußgängerzonenbreite für nach allen Seiten hinwegspritzende Passanten sorgt, so daß sich die Sprößlinge wie Ben Hur fühlen müssen. Vorsicht allerdings ist bei der Art von Wagen geboten, in denen die kleinen Piloten durch Fahrradhelme gegen Bodychecks geschützt und zur Feier des Tages mit einer riesigen Eiswaffel ausgerüstet wurden, so daß sie auf ihrem Weg durch den SSV eine Spur von Schoko und Erdbeer hinterlassen.

Das sind, liebe Leser, die Smart-Fahrer von morgen.

So, jetzt haben Sie es geschafft!
Dankeschön und ein frohes Leben wünsche ich Ihnen!
Bleiben Sie mir gewogen
Ihr Marc Obermöller
alias „Der Ravensberger Wichtel"

Ein Fanbrief

Im November 1998 erreichte mich ein folgenschwerer Fanbrief:

Ganz wichtig: Der Wichtel

Sehr geehrte Damen und Herren,
den Teuto Express Nr. 143 vom 30.10.98 habe ich in Händen und - wie gewohnt - als erstes den Beitrag des Wichtel genossen.

Ich bedaure sehr, diese brillant geschriebenen Kolumnen nicht von Anfang an gesammelt zu haben, deren Autor offensichtlich nicht nur über ausgezeichnete Informationen, sondern auch über außergewöhnliche klare Denk- und Urteilsfähigkeit verfügt.

Wer hinter dem Pseudonym steckt, werden Sie mir (verständlicherweise) nicht sagen wollen , es sei denn, er selbst.

Eine Bitte oder Anregung - wie Sie es verstehen wollen - hätte ich in diesem Zusammenhang: Eine Zusammenstellung der bisher erschienenen Wichtel-Kolumnen dürfte so manchen Leser einen angemessenen Obolus wert sein. Wenn sich das machen ließe, wäre ich der erste Kunde.

Mit freundlichen Grüßen

XXX

Tja, wenn einem so viel Honig in den Bart geschmiert wird, wer möchte und kann da noch widerstehen. In einem Wort: Hier ist nun das gesammelte Wichtelwerk und Sie, mein lieber Fan (und hoffentlich nicht der einzige), können Wort halten und der erste Kunde sein.
Natürlich wünsche ich mir das auch von allen anderen.

So, das wär's dann!